GUÍA RÁPIDA DE LOS SACRAMENTOS CON MADRE ANGÉLICA

Otras obras de Madre Angélica:

¿Qué es el Cielo?

Orando con Madre Angélica:
Meditaciones sobre el Rosario, el Vía Crucis
y otras oraciones

Madre Angélica sobre Cristo y Nuestra Señora

Respuestas, no promesas: soluciones
sencillas para los problemas complicados de la vida
Por Madre Angélica y Christine Allison

GUÍA RÁPIDA DE LOS SACRAMENTOS CON MADRE ANGÉLICA

EWTN PUBLISHING, INC.
Irondale, Alabama

Guía Rápida de los Sacramentos con Madre Angélica, se publicó originalmente en once minilibros: *I Am His Temple* (1977), *My Encounter with Jesus through the Holy Spirit* (1976), *My Life in the Sacraments* (1976), *My Mother—The Church* (1976), *Sentinels Before the Bread of Life* (1976), *Struggle of a Soul's Purification* (1976), *Sweeping the Temple Clean* (1976), *The Living Sacrament—Matrimony* (1976), *The Mass in My Life* (1976), *To Leave and yet to Stay* (1977), y *Why Do You Stay Away?* (1976). Derechos de autor del Monasterio Nuestra Señora de los Ángeles 3222 County Road 548, Hanceville, Alabama 35077, olamshrine.com, e impreso con la aprobación eclesiástica de Joseph G. Vath, D.D., Obispo de Birmingham, Alabama, USA.

Impreso en los Estados Unidos de América. Todos los derechos reservados.

Diseño de portada e interior por Perceptions Design Studio.

Arte de la cubierta: detalle del retrato oficial de John Howard Sanden.

Todas las citas de las Sagradas Escrituras están tomadas de la Biblia de Jerusalén, © 1966 por Darton Longman and Todd Ltd. y Doubleday and Company Ltd.

EWTN Publishing, Inc.
5817 Old Leeds Road, Irondale, AL 35210

Distribuido por SophiaInstitutePress, Box 5284, Manchester, NH 03108.

tapa dura ISBN 978-1-68278-160-9
libro electrónico ISBN 978-1-68278-161-6
Library of Congress Control Number: 2021950356

Primera impresión

CONTENIDO

Nota del Editor

Este volumen reúne por primera vez los minilibros titulados Yo Soy Su Templo, Mi Encuentro con Jesús a través del Espíritu Santo, Mi Vida en los Sacramentos, Mi madre-La Iglesia, Guardias ante el Pan de Vida, La Lucha Por la Purificación del Alma, Barriendo el Templo, Sacramento Vivo-El Matrimonio, La Misa en Mi Vida, Irse y Quedarse al Mismo Tiempo, Por qué Te Alejas? Once "minilibros" escritos por Madre Angélica y publicados por el Monasterio de Nuestra Señora de los Ángeles en los años 70. Cada sección de este libro corresponde a uno de los minilibros originales de Madre Angélica. En conjunto, ellos forman una obra única y hermosa de sabiduría espiritual y reverencia en la oración.

Madre Angélica escribió estas palabras en un cuaderno mientras estaba en Adoración al Santísimo Sacramento en la capilla de su monasterio en Irondale, Alabama. Su orden, las Clarisas Pobres de la Adoración Perpetua, ha sido dedicada al

Santísimo Sacramento desde su fundación, por lo que es muy apropiado que las obras escritas de Madre Angélica se hayan completado en Su Presencia.

A mediados de la década de 1970, las Monjas del Monasterio de Nuestra Señora de los Ángeles imprimían hasta veinticinco mil ejemplares diarios de estos minilibros y otros. Se trataba de una operación de medios de comunicación incipiente, que conduciría a la creación de EWTN, la Red de Televisión de La Palabra Eterna.

Este libro es una representación fiel de la obra original de Madre Angélica, con sólo las correcciones más básicas de errores de impresión, ajustes de formato, etc. Ud puede estar seguro de que está leyendo una presentación auténtica de la sabiduría y la espiritualidad de una de las figuras más importantes de la historia del catolicismo en América.

GUÍA RÁPIDA
DE LOS SACRAMENTOS
CON MADRE ANGÉLICA

Mi Vida en los Sacramentos

El Bautismo: Sacramento de la Filiación

¡Dios es mi Padre! ¿Cómo puedo comprender semejante privilegio? En un momento fui una criatura de un Dios Todopoderoso, y de repente, el Sacramento del Bautismo me elevó a una dignidad que ni siquiera puedo imaginar.

Antes de la Creación, Dios me eligió para ser y luego me eligió de nuevo para ser Su propio Hijo. Su amor me atrajo hacia Él, adoptándome como Su Hijo. Para hacer que esa filiación fuera real y no imaginaria, Él habitó en mi alma. Dios, Padre, Hijo y Espíritu Santo, vive en mí. ¿Por qué esta realidad no se apodera de mi mente y mueve mi corazón para amarlo más? Tal vez mi dificultad radica en la enormidad de esta verdad. ¿Es un misterio demasiado grande para que mi pequeña mente lo comprenda? Me temo que debo admitir que son las obligaciones de tal realidad, las que me hacen esconder esta verdad detrás de cosas más mundanas, donde queda enterrada fuera de la vista.

Estoy en Su Presencia dondequiera que yo vaya. Debo entregarlo a Él a todos los que encuentro, siendo un hijo de obra y de palabra. Mi actitud hacia el prójimo debe ser de amor, humildad y bondad. Esos atributos de Dios, mi Padre, deben irradiar en mí para que todos los hombres reconozcan a Jesús en mí. Por el Bautismo, yo heredo Sus mismas cualidades, por lo que debo cuidar que ninguna prueba me angustie, que ninguna privación me preocupe, que ningún dolor me desespere, que ninguna exigencia me haga ser egoísta, pues soy un hijo de Dios, el mismo Dios cuya providencia cuida de la hierba que se marchita y de los pájaros que caen del aire, el mismo Dios que me eligió entre millones de seres humanos posibles para conocerle y amarle, el mismo Dios que vela por mí como si yo fuera la única criatura de Sus Manos. Hoy pensaré a menudo en mi filiación, en Su Amor por mí, y en cómo debo irradiar ese amor a mi prójimo.

La Confesión: El Sacramento de la Reconciliación

El pecado es un arma que hiere a Dios, a mi prójimo y a mí mismo. No puedo permitir que la comprensión de que no puedo herir a Dios en Su persona, nuble la realidad de que todo lo que hago a mi prójimo, se lo hago a Él. Su Voluntad ha ordenado que cualquier mal o bien que yo haga, Él es el destinatario. "¿Por qué Me persigues?" le preguntó a Pablo (Hechos 9:4). "Porque tuve hambre y ustedes Me dieron de comer….." (ver Mateo 25: 35).

Porque yo soy Su Templo, el pecado contamina este templo, porque mi voluntad elige el yo, por encima de Dios, por un momento, el templo se vuelve totalmente mío y se le pide a Dios que se vaya. Me prefiero a mí mismo antes que a Él; prefiero mi propio bien antes que el bien de mi prójimo.

Cuando Jesús me dio la parábola del Hijo Pródigo, me dio un ejemplo de este triple efecto del pecado. El hijo descarriado ofendió a su padre por su desobediencia; ofendió a la sociedad por su mal ejemplo; y se ofendió a sí mismo al hacerse indigno de comer incluso la comida de los cerdos.

Su humilde arrepentimiento le movió a volver primero a su padre y a buscar su perdón, y entonces fue cuando empezó a reparar el daño hecho a la sociedad. Su humilde arrepentimiento dio a los demás un sentido de bondad en la misericordia. El perdón de su padre le devolvió la dignidad de hijo. Su conversión del mal dio a la sociedad el buen ejemplo que tanto necesitaba.

El pródigo conocía la bondad de su padre mientras estaba en el exilio, pero su naturaleza humana necesitaba escuchar las palabras de perdón con sus propios oídos: necesitaba seguridad humana.

Yo también tengo esta necesidad. El Padre me ha dado la oportunidad de escuchar palabras de amor misericordiosas y sentir que, el peso del pecado se aleja de mi alma. Jesús se presenta en la persona del sacerdote para absolverme de mis pecados, sanar mis debilidades y restaurar mi amistad con el Padre. Al reconciliarme con Dios, estoy dispuesto a amar a mi prójimo con un amor más profundo y con motivos desinteresados.

Las actitudes y los motivos que tan a menudo me llevan a elegirme a mí mismo en lugar de a Dios quedan al descubierto, y soy más capaz de cambiar mi vida. Cuando me doy cuenta de las áreas de mi alma más necesitadas, puedo dirigir mi voluntad a cambiar para que la imagen de Jesús en mí crezca más y más.

"Te doy gracias, Señor Dios, por el Sacramento que restablece mi amistad Contigo, purifica mis actitudes, reorienta mi camino, sana mis debilidades y me reconcilia con el prójimo".

La Eucaristía: El Sacramento del Crecimiento

Está más allá de mi comprensión, imaginar a Dios haciéndose hombre!. Yo no puedo entender ese amor por mí. Estoy acostumbrado a un amor limitado, y me encuentro perdido ante la visión del Amor Ilimitado. ¿Por qué me encuentro en semejante dilema? Al menos, Él tenía una naturaleza humana: un hombre-Dios, alguien que comió, bebió, durmió, trabajó, habló y sufrió.

Parecería que Su amor había llegado a sus límites para que Dios se rebajara a tales profundidades, pero no: Su amor ideó un medio por el cual podía bajar a la tierra, redimir a la humanidad, regresar triunfante a Su Padre y, sin embargo, quedarse conmigo durante mi jornada terrenal.

Él se rebajaría a sí mismo a profundidades, aún mayores, de humildad y obediencia. El continuaría dándome un ejemplo vivo de paciencia, amor y humildad. El sería mi consuelo en la angustia, mi confidente en el dolor, mi alimento para el camino, mi gracia para cambiar, mi alegría en el éxito y mi consuelo en el fracaso.

El me da un ejemplo de obediencia, pues Él desciende en forma de pan por orden de Sus sacerdotes. Se queda en el tabernáculo día tras día, mes tras mes, año tras año, sólo para que yo pueda acudir a Él con mis alegrías y mis penas. Él Se humilla y se convierte en mi alimento para que Su propio Cuerpo y Sangre corran por mis venas y yo pueda crecer a Su imagen y complacer al Padre.

Me aseguró que sin Él, yo no podría hacer nada, y es Su Presencia en mí la que me da la vida eterna. Es como el Cielo todo el camino hacia el Cielo.

La Santa Comunión me permite participar en Sus virtudes, de modo que cuando surge la ocasión de ser virtuosa, poseo en mi alma todas las cualidades invisibles que necesito para dar fruto. Mi prójimo debe ver los resultados de cada Comunión por su efecto en mi vida diaria.

Debo recordar que, mediante la recepción frecuente de este Sacramento, el amor y la gracia crecen juntos en mi alma. A través de las frecuentes visitas a Jesús en el Sagrario, el espíritu de oración trae paz a mi alma y, a través del poder de la Eucaristía en mi Iglesia y en mi alma, el mundo entero es bendecido, el enemigo vencido y toda la humanidad beneficiada.

La Confirmación: El Sacramento de la Misión

Cuando el Padre me llamó de la nada, Él me dio la vida; cuando fui Bautizado, Él me dio la filiación, pero en la Confirmación, me dio una misión, un propósito, una obra que realizar. Este fue el día del Don de los Talentos, talentos que debo utilizar, intercambiar y aumentarlos.

El bautismo me dio diez talentos: la Fe, la Esperanza, el Amor, el Temor del Señor, la Piedad, la Fortaleza, el Consejo, el Conocimiento, el Entendimiento y la Sabiduría. A lo largo de los años, el Bautismo me dio una nueva dignidad, la Confesión restauró mi amistad con Dios y con el prójimo, y la Comunión alimentó mi alma, haciéndola crecer fuerte en el Señor.

Mi vida fue un constante proceso de crecimiento de estos tres Sacramentos, y cuando llegué a una especie de adolescencia espiritual, la Confirmación puso en mi alma el toque final de todo lo que yo necesitaba para dar fruto.

Fue el día en que Dios me dijo: "Sal y comercia". Estos cuatro Sacramentos deben dar un fruto tan grande en mi alma, para que todos los hombres sepan por mi palabra y mi ejemplo, que "Jesús es el Señor" y que Él los ama tanto como el Padre Le ama a Él (Juan 17: 23).

Estos diez talentos deben crecer, aumentar y multiplicarse, y nunca debo olvidar que debo dar cuenta de ellos al Señor de todo, cuando Su Sabiduría me llame a casa. ¿Ha crecido la Fe de manera que veo a Dios en todas las facetas de mi vida? ¿Crece mi esperanza cuando el desánimo y la tristeza me invaden? ¿Soy capaz de amar primero, siempre, y cuando no soy amada a cambio? ¿Crezco en sensibilidad ante el pecado y las ocasiones de pecado porque no quiero ofender a un Padre tan amoroso? ¿Es todo ser humano un hermano en mi corazón? Cuando la tentación me asalta o el dolor se prolonga, ¿Tengo el valor de vivirlo y superarlo? ¿Soy capaz de discernir la Voluntad de Dios en mi vida cuando el egoísmo o el Enemigo tratan de disuadirme de las decisiones correctas?

¿Está mi corazón absorto en las realidades espirituales o en las posesiones visibles? ¿Puedo percibir la Voz del Espíritu cuando Él me inspira en las Escrituras y habla a mi alma? ¿Es la Presencia de Dios a mi alrededor y dentro de mí la fuente de mi alegría?

Las respuestas a estas preguntas me dirán si estoy creciendo y negociando bien con mis diez talentos. Dios no permita que, cuando Él venga, encuentre que los he enterrado todos.

El Matrimonio: El Sacramento de la Unión

Cada Sacramento es un encuentro con Jesús a través del Espíritu Santo; cada uno es un canal de gracia, un signo visible de una realidad invisible. Debería considerar el Sacramento del Matrimonio, no sólo como la unión de dos personas en una sola, una unión cuyo amor coopera con Dios en la creación continua del hombre, sino como una imagen de la Trinidad en la tierra. Cada pareja casada y los hijos que proceden de esa unión, deben recordarme también la unión de Cristo con la Iglesia, la unión de Jesús con el alma, y la unión de los miembros del Cuerpo Místico con Jesús, su Cabeza.

En nuestra vida familiar, el hombre representa al Padre Eterno, y como el Padre debe ser compasivo, misericordioso, providente, sabio, protector, creador y bueno; la mujer, que fue tomada del hombre, como nos dice la Escritura, representa a Jesús en el círculo familiar. Al igual que Jesús, ella debe ser un vínculo de reconciliación, amable, cariñosa, intuitiva, sensible a las necesidades de los demás, humilde y ser un ejemplo de sufrimiento paciente. Los hijos representan el Espíritu, pues, así como el Espíritu procede del Padre y del Hijo, los hijos proceden del padre y de la madre.

Ellos, como el Espíritu, son una fuerza que genera amor, alegría y paz. Deben ser obedientes, reflexivos, considerados, serviciales y trabajar siempre por la unidad entre ellos.

Esta imagen terrenal de la Trinidad que llamamos vida familiar, no es un objetivo irreal, sino la obligación de toda familia Cristiana. Las ciudades y las naciones son tan fuertes como las familias que viven en ellas y la familia Cristiana es el mensaje de Dios al mundo. El mensaje de paz y amor no lo difunden individuos encantadores, sino los miembros de las familias cuyo amor por Dios les ha enseñado cómo personas de distintos temperamentos, pueden convivir en paz.

A medida que los miembros de una familia se esfuerzan por crecer en la posición que ocupan en su vida familiar, todo el Cuerpo de Cristo se fortalece, el papel de la Iglesia, de Testificar, es más poderoso y la humanidad es guiada en el camino correcto.

El hogar que tiene al Padre como su Señor, a Jesús como su Imagen y al Espíritu como su Guía posee amor, y esa clase de amor cambiará el mundo.

Las Órdenes Sagradas: El Sacramento del Sacerdocio

Aunque la Confirmación me ha hecho miembro de una familia sacerdotal en la que ofrezco a Jesús al Padre en cada Misa, debo ver el Sacramento del Sacerdocio como se da a esos hijos elegidos de Dios: los sacerdotes ordenados. ¿Cómo afecta su don personal de Dios, a mi vida diaria?

No hace falta pensar mucho para darme cuenta que, sin este Sacramento, mi vida diaria estaría en la oscuridad. Es el Sacerdote cuyas manos consagradas hacen bajar a Jesús del Cielo. Sus palabras y su poder convierten el pan y el vino, en el Cuerpo y la Sangre de Cristo. Cuando caigo en el pecado, sus manos se levantan en señal de absolución y la misericordia de Dios me cubre como un manto. Derrama agua sobre mi cabeza y me hace hijo de Dios, unge mi cabeza con el crisma y hace descender el Espíritu Santo para llenarme de Dones.

Unge mi cuerpo enfermo con aceite y trae sobre mí el poder sanador de Jesús. El discierne por mí en materias de Fe y Moral y me enseña el camino hacia Dios. Hace de mis padres una sola carne, y cuando ellos envejecen, los consuela en sus penas y prepara sus almas para el viaje a casa.

La cuestión, pues, no es cómo afecta el Sacerdote a mi vida, sino cómo afecto yo a la suya. ¿Soy leal a él incluso, cuando lo veo imperfecto? ¿Le perdono sus transgresiones como él perdona las mías? ¿Le tiendo la mano cuando él cae, mientras extiende su mano hacia mí?

¿Soy crítico acerca de la paja en su ojo, cuando semana tras semana, le confieso la viga en el mío? ¿Lo defiendo ante sus enemigos y paso por alto sus defectos? ¿Estoy dispuesto a sacrificar mi tiempo por él como él lo hace por el mío? ¿Le agradezco alguna vez su duro trabajo y le alabo por un trabajo bien hecho? ¿Rezo por él a diario y le pido a Dios que lo haga santo?

Tal vez, si le tratara con respeto amoroso, comprensión amable, alabanza de agradecimientos y tolerancia fraterna, su vida sería menos solitaria, su apostolado más fructífero y su vida espiritual más tranquila. Debemos ayudarnos mutuamente mientras seguimos fielmente la misión que Dios nos ha encomendado a cada uno.

La Unción: El Sacramento de la Sanación

Dios busca mi alma durante toda mi vida. Cuando estoy enferma, Su Sacerdote reza por mi sanación y pone aceite sobre mi frente como señal de la protección y el cuidado de Dios. Él sabía que mi alma estaría en paz cuando tuviera un signo visible de Su amor personal. Su amorosa providencia diseñó que la sanación interior y la fuerza renovada fueran mías incluso cuando mi enfermedad continuaba.

Jesús sufrió todas las pruebas, el dolor, las decepciones y las preocupaciones diarias que son mi parte. Él se dio cuenta, por experiencia personal, de que la muerte y el sufrimiento que la acompaña, me llenarían de miedo a lo desconocido.

Para alejar estos temores, Él me habló del Cielo y del lugar específico que prepararía para mí. Para reconfortarme, Él envía a su Sacerdote a ungir mi cuerpo para obtener fuerzas para el viaje y a absolverme del pecado, para que mis vestiduras sean blancas y puras. Él se entrega a mí en la Santa Comunión para ser mi compañero de esta vida a la otra. Me promete que los ángeles estarán conmigo y Su propia Madre intercederá por mí.

Este Sacramento es tan poderoso que, si el Esposo me dice: "Ven" a mí y yo le he entregado todas las cosas en Sus Manos y he aceptado la muerte como Su Santa Voluntad con perfecta paz, Él y yo iremos juntos al encuentro del Padre cara a cara. Este Sacramento habrá puesto la última joya en mi corona, la última perla en mi prenda, el último anillo en mi dedo, el último acto de amor que hace más gloriosa la vida eterna y más resplandeciente mi Visión de Dios.

Hasta el último momento Él saca el bien de todo por mi bien, hasta el final. Su juicio será misericordioso, Su Amor siempre mío, Su alegría llenará continuamente mi alma hasta desbordarla, y Su conocimiento iluminará mi mente. La Luz eterna envolverá una pequeña chispa, y al final, nos uniremos como una sola Luz, eternamente.

Mi Madre, La Iglesia

La palabra "Iglesia" significa muchas cosas para muchas personas. Para algunos, la Iglesia no es más que una estructura, un cuerpo de leyes diseñado para hacer a todos lo más miserable posible, un cuerpo autoritario que se deleita en ejercer la prerrogativa de decirle al mundo lo que puede y no puede hacer.

Hay otros que ven a la Iglesia como un vehículo a través del cual Dios se revela a sí Mismo, Sus verdades y Su voluntad. Otros la ven como el "opio del pueblo" o una organización que es guiada por la voluntad y los caprichos de sus miembros. Algunos ven a la Iglesia como la encarnación de las artes y los tesoros de épocas pasadas, una especie de museo gigante, rico en tradiciones y datos históricos, rico en riqueza material pero frugal en la distribución de esa riqueza.

Otros ven a la Iglesia como un poder político, capaz de influir en los destinos de las naciones. Los conservadores ven a la Iglesia como la personificación de la sana doctrina y el dogma, mientras que los liberales la ven como una fuente de sustento para los pobres, de justicia para los oprimidos y de defensa de los desamparados. Las almas fervientes consideran a la Iglesia como dispensadora de la gracia a través de un sistema sacramental. Las almas tibias confían a medias en que la Iglesia siempre estará ahí, cuando, y si la necesitan. Las almas que han elegido el mal a veces son más conocedoras del verdadero papel de la Iglesia y por esa razón odian todo lo que representa.

Podríamos seguir hablando de las opiniones y sentimientos de la gente hacia la Iglesia. Podríamos examinar diversos aspectos teológicos de su autoridad docente y de su sucesión apostólica, pero, inevitablemente, llegaríamos a un punto muerto con argumentos acumulados. Teniendo esto en cuenta, miremos a la Iglesia y su función como lo hizo San Pablo y veámosla como lo que es: la Esposa de Cristo, la Madre de cuyo vientre de gracia, cada uno de nosotros nació a una nueva vida, una vida de Filiación.

Jesús vivió, murió y resucitó para dar a luz a la Iglesia.Por medio del Espíritu la desposa con Él, perpetúa Su Presencia por medio de Sus Sacramentos, genera almas santas, resucita a los muertos en el pecado y alimenta continuamente a Sus hijos con la verdad.

Dios nos ha creado a Su Imagen, y esa imagen no está sólo en el alma individual, sino en la Iglesia. Así como hay Tres Personas en un solo Dios, tres facultades en cada alma, tres elementos en cada familia, así es en la Iglesia. La Iglesia es la Dispensadora de la verdad del Padre. Es la Esposa de Jesús y está guiada por Su Espíritu.

Como el Espíritu Santo procede del amor del Padre y del Hijo en la Trinidad, como los hijos que nacen del amor de los esposos, así la Iglesia, este don del Padre, desposada con Su Hijo, produce constantemente el fruto de la santidad por la fuerza del Espíritu en todos Sus hijos.

El Verbo se encarnó en el seno de María por el poder del Espíritu Santo. Este Misterio Divino se recrea constantemente, ya que la Palabra Eterna se refleja cada vez más perfectamente en laEsposa de Cristo, cuando Ella da a Jesús a Sus hijos en la Eucaristía, cura sus heridas en la Confesión, ennoblece su amor mediante el Sacramento del Matrimonio, hace a los simples hombres, sacerdotes de Dios mediante la Ordenación e hijos de Dios en el Bautismo, los enriquece con dones en la Confirmación, y luego aligera su carga en su viaje a casa mediante la Unción.

La Iglesia es una Madre porque es una Esposa que siempre está dando a luz, hijos de la luz, pilares de santidad, fuentes de inspiración, desafiantes de la verdad y defensores de la Fe.

Sí, Ella tiene estructuras, leyes, tesoros, autoridad y fragilidades humanas mezcladas con el poder Divino, pero debemos mirar a toda la Iglesia y no sólo a una parte de Ella. ¿Qué hijo de una madre terrenal dice a sus amigos que su madre no es más que un feo esqueleto cubierto de músculos y piel? ¿Qué hijo desmenuza cada defecto y debilidad de su madre y lo transmite a todos los que están dispuestos a escuchar? Un niño que sólo se concentra en la autoridad que tiene su madre para corregir y castigar, y se niega a ver el profundo amor y la preocupación que hay detrás de los reproches, lleva una existencia desequilibrada, una vida de autocompasión y de manías infantiles.

Es difícil entender a un niño que critica los tesoros artísticos de sus padres, mientras participa de la belleza de esos tesoros siempre que le place. Esto sería especialmente cierto si esos tesoros estuvieran a disposición de los más pobres para verlos y disfrutarlos. ¿Sería más feliz si todos los tesoros de la Iglesia se vendieran a coleccionistas privados y se ocultaran para siempre a los ojos de los pobres? Es sorprendente cómo nuestra naturaleza humana se las arregla para inventar excusas hechas a medida para cubrir nuestras antipatías por la Iglesia. Muchos hijos odian a sus padres porque son corregidos y dirigidos por ellos, y lo mismo ocurre con la Santa Madre Iglesia. Cuando Ella habla de la necesidad de una moral elevada, de una fe profunda y de un autocontrol, la naturaleza humana se rebela, y Ella se convierte en la madrastra mala, en el padre dominante, en la personificación de los ideales arcaicos. Entonces, se crean razones infalibles para explicar su rebeldía y hacerla sentir justificada. Los ropajes del amor, la lealtad y la humildad, se sustituyen por el duro acero del orgullo y el hielo ácido de la arrogancia. Ninguna persuasión gentil puede penetrar esta capa de acero, porque estas personas equivocadas se confunden ellas mismas, por caballeros de brillante armadura, defendiendo la causa de los incomprendidos y falseados.

Un verdadero hijo de esta Madre de Dios no es uno que está ciego a sus defectos, debilidades y heridas, sino uno que tiene el suficiente discernimiento para ver su necesidad por mejorar, por sanación, por un mayor fervor y por generosidad; lo suficientemente amoroso para ver sus virtudes, su gracia, su verdad y su poder; y lo suficientemente entusiasta para hacer algo positivo para ayudar, en lugar de algo negativo para destruir.

Nos enorgullecemos de fortalecer a los que están desesperados, alimentando a los hambrientos, vestir al desnudo, y dar un vaso de agua fría al sediento ¿Por qué no prestamos estos mismos servicios a la Iglesia? ¿No desea Ella que Sus hijos tengan sed del agua viva de la santidad? ¿No busca Ella que sus hijos den los frutos del Espíritu? ¿No siente Ella la desnudez de Sus hijos cuando son despojados de la Fe, Esperanza y Amor por el espíritu de este mundo? ¿No espera Ella con anhelo que los que se han ido, regresen a la casa del Padre? ¿No se le rompe el corazón al ver a tantos de sus hijos exponiendo sus almas al peligro del infierno? ¿Qué angustia desgarra su corazón cuando tantos rechazan el bálsamo curativo de la Confesión o el alimento angelical de la Eucaristía?

¿Qué locura posee nuestras mentes y almas, ciega nuestros sentidos y endurece nuestros corazones hacia una Madre tan buena? Nos enorgullecemos de nuestra madurez, libertad e inteligencia y luego, procedemos a actuar como niños malcriados, a los que se les ha negado el privilegio de jugar con fuego. Usamos nuestras almas y nuestro futuro como un juego de la Ruleta Rusa: ¡apretando cada gatillo de la presunción, el orgullo y la arrogancia para ver qué sucede! Desgraciadamente, al igual que los que juegan, no hay vuelta atrás si uno pierde.

"Así que ahora Yo te digo: tú eres Pedro y sobre esta piedra edificaré Mi Iglesia…"(Mateo 16: 18). Jesús acababa de preguntar a los Apóstoles Quién creían los hombres que era Él. Era una buena pregunta, y vemos que Jesús escuchaba su respuesta. Fue Simón quién dijo: "Tú eres el Mesías, el Hijo de Dios vivo" (Mateo 16:16). Jesús respondió rápidamente. Dijo a todos los Apóstoles que el Padre había revelado este secreto a Simón y entonces, por primera vez en la historia, una palabra ordinaria y cotidiana que significaba "piedra o roca", se convirtió en un nombre: Pedro. Jesús nos prometió que esta Iglesia duraría hasta el final de los tiempos y que todo el infierno no prevalecería contra ella. La Iglesia era entonces, como lo es ahora, una asamblea de fieles seguidores de Jesús como Señor. Como Jesús nombró a Pedro como cabeza, los demás Apóstoles le miraron, desde ese momento, como el responsable de esta asamblea de personas, la Iglesia. Fue a Pedro a quién Jesús le pidió que apacentara a Sus ovejas y corderos; fue a Pedro a quién se le dieron las llaves del reino para atar y desatar, a Pedro que predicó con valentía a las multitudes en Pentecostés, a Pedro que castigó a Ananías y Safira por su engaño, a Pedro que tomó la decisión final en cuanto a la circuncisión, a Pedro a quien Pablo buscó para asegurarse de que lo que enseñaba era correcto.

Había una deferencia especial por Pedro entre los Apóstoles, y lo vemos en la Resurrección. Juan era mucho más joven que Pedro. Él llegó a la tumba antes que él, pero esperó hasta que Pedro llegó y entró primero….." (Juan 20: 3-6). Esta deferencia es aún más pronunciada cuando consideramos que Pedro había negado a Jesús, había caído profundamente a nivel personal. Sus debilidades humanas, por un momento temible, lo dominaron, y era menos de lo que debería ser un líder. Sin embargo, Juan vio algo en Pedro que la debilidad humana no podía disminuir, y era la autoridad. Esa autoridad se la había dado el Padre, y sólo el Padre podía quitársela. Las faltas personales de Pedro eran algo entre él y Dios, pero en esemomento, Juan vio al Vicario de Cristo, y sólo ese Vicario entraría en la tumba para asegurarse a sí mismo y a todas las edades después de él que, el Cristo había resucitado realmente.

Como entonces, así es ahora: es prerrogativa de su sucesor pronunciar otros misterios de Dios al pueblo para asegurar a esa asamblea, las verdades que Dios revela.

Después de la Resurrección, Jesús se apareció a María Magdalena, a las santas mujeres y a los discípulos que iban a Emaús, pero la falta de credibilidad sólo desapareció cuando los discípulos oyeron a los Once reunidos declarar: "Sí, es verdad. El Señor ha resucitado y se ha aparecido a Simón." (Lucas 24:34). El mayor misterio de la Fe en la religión Cristiana fue declarado por los Once con Pedro como su líder. Pedro, que tenía una luz especial del Padre para declarar el Mesianismo de Jesús, declaró la Resurrección de Jesús porque él Lo había visto. No había duda sobre los dones especiales de Pedro de parte de Dios. Fue apartado para declarar los misterios de Dios y la voluntad de Dios a la asamblea. Esto era un don del Padre a Pedro y no dependía de la santidad, personalidad, temperamento o carácter de Pedro. Él tenía su debilidad, pero cuando hablaba como alguien con autoridad especial, era el Señor Quién hablaba.

Cuando Ananías y Safira le mintieron a Pedro acerca de la venta de su propiedad, Pedro les dijo: "Ananías ¿Por qué has dejado que Satanás se apoderara de tu corazón?"........." No has mentido a los hombres, sino a Dios" (Hechos 5: 3 y 4). Una declaración extraña de un hombre que acaba de cometer un pecado mayor al negar que conocía a Jesús. ¿Acaso él, al que se le perdonó mucho, no pudo perdonar o entender un momento de debilidad? ¿O es que Pedro no hablaba como hombre, sino como Pedro la Roca, el Líder? En esa calidad era el Vicario de Cristo. A la luz de esto, Pedro podría decir con razón que Ananías mintió al Espíritu. Sí, debemos hacernos la pregunta: "Aquellos que odian a la Iglesia, saben que sólo se odian a sí mismos, pues la Iglesia es la Asamblea de personas y ellos forman parte del género humano, el alma de la Iglesia? Al odiar al Vicario de Cristo, ¿No se burlan del espíritu de Cristo que guía a Su pueblo?"

"Dios colocó todo bajo sus pies, y lo constituyó Cabeza de la Iglesia. Ella es Su cuerpo y en Ella despliega su plenitud el que lo llena todo en todos." (Efesios 1: 22-23). Pablo dijo a los Efesios que, al redimirnos, Jesús derribó la barrera que separaba a judíos y gentiles. Por medio de la Cruz, reconcilió a toda la humanidad con el Padre y la reunió en un solo Cuerpo.

Pablo explicó ampliamente que, "Ya no somos extranjeros en un pueblo elegido", sino hermanos que comparten el mismo Padre. "Por medio de Él, los dos pueblos [judíos y gentiles] llegamos al Padre en un mismo Espíritu,….."

Este único Cuerpo puede estar dividido por disensiones, falsos profetas, herejías o cismas, pero ese Cuerpo, la Iglesia, sigue buscando, cuidando, proveyendo y protegiendo a sus miembros. Este misterio de la Iglesia era realmente profundo para los primeros Cristianos. El pueblo elegido estaba acostumbrado a ser apartado como la minoría que conocía al verdadero Dios. Ahora, Pablo les dice que Jesús vino y murió por todos los hombres, y a través de Su Esposa, la Iglesia, toda la humanidad tuvo la oportunidad de conocer a Dios y Sus misterios. La salvación para todos los hombres fue una noticia impactante para el pueblo elegido. "Este misterio", continuó explicando Pablo," no se dio a conocer a los hombres en tiempos pasados, pero, ahora acaba de ser revelado mediante los dones espirituales de Sus santos apóstoles y profetas……" (Efesios 3:4-5)

Es aquí donde Pablo nos da la doble misión de la Iglesia y de Sus sacerdotes ordenados. "A mí, el menor de todos los creyentes, se me concedió esta gracia especial de anunciar a los pueblos paganos la incalculable riqueza de Cristo, pero también esclarecer en qué forma se va realizando el proyecto secreto escondido desde siempre en Dios, Creador del universo" (Efesios 3: 8 -9) La gente no sólo debe escuchar el mensaje, sino también la explicación de ese mensaje.

Necesitan saber cómo aplicar el mensaje a la vida diaria. Estas aplicaciones e interpretaciones deben llevar el sello de la verdad, porque Jesús es la verdad. Dios está obligado en justicia a dar a su pueblo la verdad con respecto a cada faceta de la vida cristiana.

"Pero si me demoro, para que sepas cómo debes portarte en la casa de Dios, que es la Iglesia del Dios vivo, pilar y base de la verdad" (1 Timoteo 3: 15) Sí, la santa Madre Iglesia proclama, declara, explica y mantiene la verdad a salvo del alcance del Enemigo.

Despreciar a esa Madre es odiarse a sí mismo, aguar el alimento que alimenta el alma y despreciar al prójimo. Insultamos al Cristo, cuyo Espíritu guía a la Iglesia. Este Cuerpo, la Iglesia, comenzó con el fluir de Su Preciosa Sangre y la efusión de Su Espíritu. No es una pequeña ofensa criticar, ridiculizar o rebajar algo que es tan querido por el Corazón de Dios y por lo que Él dio tanto.

Cuando la vida familiar decae, también lo hace el amor a la Iglesia. La familia y la Iglesia están entrelazadas como una gran familia compuesta por muchas familias individuales. La unión del corazón, el amor y la preocupación, la edificación mutua de los miembros es la misma en ambas.

La vida familiar se basa en el mismo fundamento espiritual que la Iglesia. Pablo explicó esto como un misterio y dijo a los primeros cristianos que un hombre debe amar a su esposa de la misma manera que Cristo ama a Su Esposa, la Iglesia. "Después de bañarla en el agua y la Palabra para purificarla, la hizo santa, pues quería darse a sí mismo una Iglesia radiante, sin mancha ni arruga ni nada parecido, sino santa e inmaculada" (Efesios 5: 25-27). Así es como el marido debe amar a su mujer, pues si la odia, se odia a sí mismo. "Nadie aborrece su cuerpo; al contrario, lo alimenta y lo cuida. Eso es justamente lo que Cristo hace por la Iglesia, pues nosotros somos miembros de Su Cuerpo" (Efesios 5: 28-30).

Así sucede con la Iglesia, cuando nos alimenta con los Sacramentos y nos edifica con la sana doctrina y la verdad, nos convertimos a su vez en imágenes vivas de su Esposo, Jesús. Emergemos de la Esposa y del Esposo, llevando la semejanza del Padre y el sello del Espíritu en nuestras almas. Cuando seamos fieles y verdaderos hijos e hijas de esta santa Madre, nuestra vida familiar comenzará a reflejar la paz, la alegría, la armonía y el amor que esta Madre pone en nuestras almas.

Cuando la odiamos a Ella, sólo nos odiamos a nosotros mismos, porque somos parte de su Cuerpo y Jesús es nuestra

Cabeza. Alejarnos de Él y de Su Esposa es separarnos de la Vid. ¿Cómo podemos esperar el regreso de la armonía familiar cuando despreciamos la fuente de la armonía?

Debemos ser vehementes en difundir Su mensaje, fervientes, para poder irradiar ese mensaje, amorosos, para que otros puedan ver ese mensaje en nuestras vidas; leales, para que ese mensaje sea obedecido sin importar lo difícil que sea. Cuando este espíritu de amor y fervor posea nuestros corazones, todos tendremos el valor de ser levadura en la masa de nuestras familias y de la humanidad.

El cambio comienza con los individuos, se irradia a los demás y, a su vez, les da el valor para cambiar. La armonía, la lealtad, el amor y la paz en la Iglesia y en la familia, deben crecer juntos. En la medida en que una u otra tengan éxito o fracasen, en esa proporción darán fruto o decaerán.

El Espíritu que guía a la Iglesia dará fruto en la Iglesia y en las familias juntas, ya que son el Cuerpo de Cristo en la tierra.

"Él es también la Cabeza del Cuerpo de la Iglesia..". "Ahora me alegro cuando tengo que sufrir por ustedes, pues así completo en mi carne lo que falta a los sufrimientos de Cristo para bien de su Cuerpo, que es la Iglesia" (Colosenses 1:18 y 24). "Así prepara a los suyos para las obras del

ministerio en vista de la construcción del cuerpo de Cristo"
(Efesios 4:12). Sí, todos trabajamos juntos, edificando, dando
esperanza, valor y fuerza a la Iglesia y a la familia: el Cuerpo
de Cristo.

La Confirmación y el Espíritu Santo

Yo Soy Su templo

Los Siete Dones del Espíritu Santo me son dados para mejorar Su Templo, mi alma.

Los cimientos de este Templo son la Fe, la Esperanza y el Amor, y los Siete Dones son las herramientas y el material que utiliza el Espíritu para construir una morada adecuada para que Jesús habite en ella.

Debo cooperar con el Espíritu para manifestar a mi prójimo una casa en la que Jesús instale Su morada en la tierra.

"En él se ajustan los diversos elementos, y la construcción se eleva hasta formar un templo santo en el Señor. En él ustedes se van edificando hasta ser un santuario espiritual de Dios" (Efesios 2:21-22).

Algunos de los Dones, el Temor del Señor, la Piedad, la Fortaleza y el Consejo, se utilizan como herramientas y material para remodelar el diseño original. Los otros, como el Conocimiento, el Entendimiento y la Sabiduría, constituyen el mobiliario y éstos hacen que el Templo sea hermoso de contemplar.

Debo recordar que las herramientas, los materiales y los muebles son Dones del Espíritu, pero están en mis manos, y la casa que yo remodele para que Jesús la habite, dependerá de cómo yo utilice los suministros.

Puedo construir una choza, una casa, una mansión o un castillo, y Él habitará en cualquier cosa que construya, pero como se trata de una casa viva, edificará a mi prójimo en la medida en que la casa se parezca a su Ocupante: Jesús.

San Pablo dijo: "Sobre este cimiento se puede construir con oro, plata, piedras preciosas, madera, caña o paja. Un día se verá el trabajo de cada uno….". (1 Corintios 3:12 - 13).

Este Templo debe ser construido sobre la roca de la humildad, no sobre la arena del orgullo.

Los cimientos deben ser una mezcla de Fe, Esperanza y Amor, en Dios y no en el mundo.

Las herramientas que utilice para cambiar la vivienda original, hecha de paja y hierba, en un castillo de joyas deben ser utilizadas bajo Su guía y no la mía.

Los muebles deben ser tallados con el mayor cuidado por la mano de Dios, y no por la mía.

En definitiva, el Templo del Señor que Su Espíritu ha hecho de mí debe ser hermoso, cambiado y transformado, para que pueda glorificar al Padre por toda la Eternidad.

LA ESCRITURA

"¿No saben que ustedes son templo de Dios y que el Espíritu de Dios habita en ustedes? Si alguno destruye el Templo de Dios, Dios lo destruirá a él. El templo de Dios es Sagrado, y ese templo son ustedes." (1 Corintios 3: 16-17)

"No saben que su cuerpo es Templo del Espíritu Santo, que han recibido de Dios y que está en ustedes? Ya no se pertenecen a sí mismos" (1 Corintios 6: 19).

Las Herramientas y los Materiales

En el Bautismo fui hecho hijo de Dios y Templo de Su Espíritu. Esta es la Buena Noticia. Jesús mereció para mí este privilegio inimaginable.

Esta Presencia de Dios en mi alma ¿Es estática o está viva? Debe estar viva y activa si Su poder de transformación va a realizar su tarea.

Sin embargo, un poder del que no soy consciente no es ningún poder, así que debo ver qué significa la Presencia Divina de la Trinidad en mi vida diaria.

El amor debe manifestarse, y el Dios que habita en mi alma es Amor. Él me concede ayudas poderosas que llamamos "Dones", para ayudarme en mi relación con Él y con mi prójimo.

Estos Dones son también herramientas, que me fueron dadas en el Bautismo, para cooperar con la acción del Espíritu en mi alma.

Son ayudas enormes que toman el relevo mi débil virtud se acaba. Son como el brazo de Dios sosteniéndome en los momentos de necesidad.

Debo comprender lo que son estos Dones y lo que hacen por mí. Son los Dones superiores que me hacen dar fruto, un fruto que es duradero.

El conocimiento de estos Dones y el esfuerzo por utilizarlos en mi vida diaria será un medio poderoso para alcanzar la santidad de vida.

El Espíritu Santo habita en mí para que dé fruto y glorifique al Padre. Él es el otro Abogado del cual Jesús habló tantas veces.

Él es enviado por Jesús para llenarme de amor, para que yo pueda amar a mi prójimo y cumplir el "Mandamiento Nuevo" de amar como Jesús ama.

Es importante que yo entienda que yo no puedo dar amor si no poseo amor. El amor que tengo debe ir más allá del nivel natural al nivel sobrenatural.

Yo no puedo lograr esto a menos que Dios y yo tengamos una relación continua y personal, una relación de Amor, Comprensión y diálogo.

Debo conocer el papel del Espíritu Santo en mi vida para corresponder con Su gracia e inspiraciones.

Jesús dijo que con Él en mí daría un fruto duradero; sin Él no podría hacer nada.

Para dar el fruto de las buenas obras debo hacer todo lo posible para conservar mi unión con Jesús.

Soy una rama y no puedo dar fruto si estoy separada de la vid. El morir a mí mismo y vivir en Jesús, me darán el amor desinteresado tan necesario para dar fruto a tiempo y fuera de tiempo. Buscaré en los Evangelios lo que Jesús dijo del otro Defensor y descubriré cuál es Su papel en mi vida con Dios. Debo estar seguro de que el almacén de mis buenas obras es interminable, infalible y desinteresado.

Jesús me dijo durante el discurso de la Última Cena que era necesario que Él volviera al Padre, porque entonces enviaría otro Abogado: el Espíritu Santo.

Dijo que el Espíritu me enseñaría todas las cosas, que me traería a la memoria las revelaciones y los ejemplos de Su vida y que, maravilla de las maravillas, el Espíritu haría Su morada en mí.

La obra del Espíritu Santo es hacer que yo sea santo. Él es quien difunde la gracia en mi alma y me transforma lentamente en Jesús.

Él cubre las heridas hechas por las tijeras de podar del Padre con el bálsamo del amor, la paz y la alegría.

Él me sostiene en tiempos de tentación con el Temor del Señor, dándome el sentido del temor que brota del amor, un espíritu de reverencia que me impide ceder a la tentación.

Él me da paciencia con el Don de la Piedad, cuando mi prójimo exige más tiempo y amor del que yo poseo.

Me fortalece con la Fortaleza cuando me siento demasiado débil para realizar las tareas que Él me ha encomendado.

Me ayuda a discernir, con el Don del Consejo, cuando debo decidir cuál es Su Voluntad para mí.

Él me separa de las cosas de este mundo con el Don de Conocimiento.

Él aumenta mi Fe dándome luz a través del Don de Entendimiento.

Él emociona mi alma con una profunda conciencia de la Presencia del Señor a través del Don de la Sabiduría.

Estos maravillosos Dones son cualidades e impulsos que ponen la vela de mi barca hacia la suave brisa del Espíritu, que guía mi barco por el mar de la vida con facilidad.

El timón de mi barca está en mi mano, y puedo ir contra el viento y correr el riesgo de encallar, o puedo seguir la brisa misteriosa, sin saber nunca a dónde me lleva, pero lleno de confianza de que apunta a la orilla donde el Padre y el Hijo esperan mi desembarco.

Durante mi viaje a casa, estos Dones interiores del Espíritu dan mucho fruto para que mi prójimo los vea y se beneficie de ellos. Cuando mi prójimo me ve amable y paciente, se da cuenta de que es una cualidad invisible que es agradable de contemplar y deseable de poseer. De esta manera glorifico al Padre y doy testimonio de que Jesús es el Señor.

Debo mirar estos Dones y Frutos y ver cómo puedo seguir sus inspiraciones con más provecho, y glorificar al Padre dando más y más fruto, pues los Dones son herramientas que poseo y que el Espíritu utiliza, para esculpir el frío mármol de mi alma en la cálida y amorosa imagen de Jesús.

ESCRITURA

"Una rama saldrá del tronco de Jesé, un brote surgirá de sus raíces. Sobre El reposará el Espíritu de Yahvé, Espíritu de Sabiduría e Inteligencia, Espíritu de Prudencia y Valentía, Espíritupara conocer a Yahvé y para respetarlo….." (Isaias 11:1-3).

El Espíritu de Temor del Señor

- ✐ El Horror del Pecado
- ✐ Relación Filial con Dios como Padre
- ✐ La Esperanza: Me preserva de la presunción o la desesperación

Este Don me confunde a veces porque, temer y amar parecen ser muy contrarios. San Juan me dice que Dios es Amor, y como el Espíritu procede de Dios, Él también es Amor.

Este temor que me es inculcado por el Amor, debe estar unido al Amor de la misma manera que la Misericordia está unida a la Justicia.

Mirándolo así, parece que debo tener un temor amoroso de ofender alguna vez a un Padre tan bueno y bondadoso como Él.

Al darme conciencia de la Bondad de Dios hacia mí, el Espíritu Santo infunde en mi alma un horror por el pecado, porque sólo el pecado puede separarme de mi Padre.

Cuando empiezo a ver Su acción y Su Providencia en mi vida diaria, me doy cuenta de lo afortunado que soy por estar llamado a vivir en una unión tan íntima con Dios.

La sola idea de hacer algo que ponga fin a esa unión, o que la disminuya en lo más mínimo, se convierte en un sufrimiento intolerable. Este tipo de sufrimiento no se basa en la escrupulosidad, porque me doy cuenta de que la Misericordia de Dios es infinita y que Él comprende mis deseos y ve mis esfuerzos. Pero, está construido sobre la base del Amor, un Amor que nunca quiere separarse del Amado.

Para mantener mi alma en un perfecto equilibrio entre el temor y el amor, el Espíritu Santo aumenta en mi alma la Virtud de la Esperanza.

La Esperanza es esa maravillosa virtud que me aleja de la desesperación y la presunción.

Sin la Esperanza, nunca vería el final del camino, ni la Alegría cuando yofinalmente llegue.

Hay veces que después de una caída, mi temor de haber ofendido a Dios se desequilibra: pienso que mi pecado es demasiado grande para que Él pueda perdonarme. La Esperanza viene al rescate y me asegura que, en Su Amor y Misericordia, Él perdona y olvida. Él espera amorosamente mi regreso, y todo el Cielo se regocija.

Hay otras veces que mi miedo a ofender a Dios casi desaparece y siento un cierto letargo al alejarme de las ocasiones de pecado, pensando y racionalizando que como Dios es amoroso y misericordioso,realmente no le importa el pecado en absoluto.

Ahora es cuando la Esperanza me devuelve el Don del Temor del Señor. En algún lugar de las nubes grises de la presunción, llega la luz de la Justicia de Dios, y me doy cuenta de que, no importa lo que yo piense, la santidad de Dios detecta la sombra del pecado y corro el riesgo de perder la felicidad eterna por el bien de la autocomplacencia.

Qué bueno es Dios al darme su Espíritu Santo para suplir lo que necesito para luchar por la santidad. No debo desviarme ni a la derecha ni a la izquierda, sino mantenerme en el centro del camino, directo como una flecha, para llegar a un humilde desprendimiento de mí mismo. Esto me alejará de la desesperación y de la presunción.

ORACIÓN

"Espíritu Santo, aumenta este Don del Temor Amoroso y la Reverencia por el Padre. Haz que yo nunca presuma de Su Misericordia, ni desespere por Su Justicia. Deja que mi amor por un Padre tan bueno, llene mi alma con una Esperanza infantil porque Su Misericordia suple lo que Su Justicia exige".

Cómo puedo crecer en este Don del Temor del Señor ...

... con el Padre:

Cuando surja alguna ocasión de actuar a diferencia de mi Padre, recordaré inmediatamente la Infinita Misericordia de Dios para que, si caigo, nunca desespere. Recordaré al mismo tiempo Su Justicia Infinita para que yo nunca sea espiritualmente perezoso, si me siento tentado por la presunción. Él se merece lo mejor de mí, porque es muy bueno, y debo recordar que me ha llamado a cosas grandes; no debo conformarme con migajas.

... en el Hijo:

Aunque Él amaba al pecador, Jesús tenía horror al pecado, y eso le costó una muerte muy humillante y dolorosa. Él animó repetidamente a los hombres a arrepentirse, no por Él, sino por ellos. Me amó tanto, que estuvo dispuesto a mostrarme cómo superar mi debilidad comprendiendo cada día más el Amor Infinito del Padre. Él mantuvo Sus Ojos en el Padre y tuvo la fuerza para superar la tentación del enemigo en el desierto, el odio de Su pueblo y la ingratitud de Sus amigos. Yo seguiré Sus pasos y me alejaré de cualquier ocasión de pecado.

... a través del Espíritu:

Debo poner toda mi confianza en el poder del Espíritu Santo para que me dé fuerza. Sus inspiraciones son silenciosas y suaves, así que debo mantener mi alma en paz para poder escuchar Su Voz. Él está listo para asistirme inmediatamente con Su gracia poderosa, si tan sólo clamo por ayuda cuando siento mi debilidad.

"Espíritu Santo, concédeme un aumento del Don del Temor del Señor, para que yo nunca ofenda a Dios voluntariamente".

La Escritura

"El temor del Señor es gloria y orgullo, y felicidad y corona de alegría.

El temor del Señor alegrará el corazón, dando felicidad y alegría y larga vida.

El que teme al Señor, le irá bien al final y será bendecido en el día de su muerte.

Temer al Señor es el principio de la Sabiduría; fue creada con los fieles en el seno de su madre.

Ella ha hecho un nido entre los hombres, una base milenaria, y ella se aferrará a su descendencia fielmente.

Temer al Señor es la perfección de la Sabiduría; ella los embriaga con sus frutos.

Ella llena toda su casa con los deseos de su corazón, y sus almacenes con sus productos.

El temor del Señor es la corona de la Sabiduría; hace florecer la paz y la salud.

El Señor la ha mirado y evaluado. Ha derramado sabiduría y discernimiento, y ha exaltado el renombre de aquellos los que la mantienen cerca.

Temer al Señor es la raíz de la Sabiduría, y sus ramas son de larga vida".(Sir 1:11-20).

El Espíritu de la Piedad

- ☙ Dios es mi Padre
- ☙ Todos los Hombres son Hermanos
- ☙ Paciencia.

Cuando empiezo a tener un temor amoroso de ofender a Dios, el Espíritu Santo infunde en mi alma una profunda conciencia de que Dios es mi Padre.

Esta conciencia es algo casi tangible, porque me permite gritar ".....Abba!,Padre!"con convicción y amor. (Romanos 8:15).

Este Don me da el empuje que necesito para comenzar una vida íntima de unión con Dios, una vida de hijo que habla y ama a un Padre.

Mientras que el Don de Temor del Señor me ha dado un temor infantil a Dios, este Don de la Piedad me da un afecto infantil por Dios. Comienzo a cumplir la Voluntad de Dios desde un profundo afecto, una conciencia de un vínculo invisible que nos acerca en un lazo que nada puede romper.

El honor y la gloria de Dios se convierten en el objetivo de mi vida, y empiezo a pensar más en Él y menos en mí mismo.

Deseo dar fruto, como dijo Jesús, cuando me entregue por completo al Padre. Este Don, como los demás, era tan hermoso en Jesús; debo desear imitarlo en Su gran celo por el honor y la gloria del Padre.

Jesús me dijo que Dios es mi Padre y que no puedo hacer nada sin Él. Esta es la verdad, pero Él me envió Su Espíritu para asegurarme que puedo hacer todas las cosas con Él y éste es el Camino.

Jesús me dice cómo glorificar al Padre, y el Espíritu me da los medios para glorificar al Padre a través del Don de la Piedad. Jesús amó al Padre sobre todas las cosas, y me amó lo suficiente como para dar Su Vida por mí.

Este Don, pues, tiene un doble efecto en mi alma: me da un espíritu de filiación con Dios y un espíritu de fraternidad con el prójimo.

Porque la Trinidad vive en mí, soy capaz de amar a mi prójimo con el mismo amor y de la misma manera que el Padre ama a Jesús.

La piedad me da el poder de ver, más allá de los defectos humanos de mi prójimo, la imagen del Padre.

Es una fuerza invisible que no se deja dominar por las faltas y pecados de los demás. Consigue, de alguna manera misteriosa, ver la Esencia de Dios en lo peor y más depravado, y la Presencia de Dios en lo bueno y en lo santo.

Este Don parece traer consigo una cierta honestidad: no encubre los pecados, ni los defectos, ni las peculiaridades de mi prójimo; los ve todos con claridad. Estas mismas debilidades suscitan mayor amor y compasión, pues la Piedad ve en toda esta miseria, la oportunidad de imitar al Padre y a Jesús, cuyo amor se da a todos.

En Su Humanidad, Jesús poseyó y utilizó al máximo este Don. Nunca pareció sorprenderse de las miserables profundidades a las que podía descender la naturaleza humana, y tampoco disminuyó Su Amor al verlo.

El Don de la Piedad le hizo dar Su Vida por Sus amigos que eran pecadores, y todos eran Sus amigos.

Él no hacía distinción de personas. Su amor alcanzó a ricos y pobres, enfermos y sanos, jóvenes y viejos, pecadores y santos.

Es porque Jesús poseía este Don de Piedad en el más alto grado que el Espíritu Santo me lo da a mí, porque es Su trabajo transformarme en Jesús. Debo poseer todos los Dones del Espíritu porque Jesús mereció esta oportunidad para mí: la oportunidad de poseer de manera finita, lo que Él posee de manera infinita.

La Piedad me ayudará a pensar más en el bien de mi prójimo que en el mío propio, y me dará el poder de seguir buscando su bien ante el insulto y la ingratitud.

Amaré, no porque seré amado a cambio, sino porque, como Jesús, estaré lleno de amor, y el amor se extiende para dar.

A través del Don de Piedad, el Espíritu Santo me da el deseo de imitar a Jesús y Su Amor por el prójimo.

No puedo decir que amo al Padre a Quién no veo, si no amo a mi prójimo a quién veo (ver 1 Juan 4:20), y la Piedad me ayuda en esta búsqueda de ver al Dios Invisible y Todo Santo, en los seres humanos visibles e impíos.

ORACIÓN

"Espíritu Santo, hazme crecer en este hermoso Don de la Piedad para que yo pueda buscar el honor y la gloria

del Padre irradiando el amor desinteresado de Jesús a mi prójimo".

Cómo puedo crecer en este Don de la Piedad …

… con el Padre:

Pensaré a menudo en la inmanencia del Padre y trataré de darme cuenta de que Dios está en todo y en todos, ya sea a través de Su Esencia, en la medida en que mantiene a todas las criaturas en existencia, o a través de la Gracia, mientras habita en las almas de los justos.

Debo ir más allá y no sólo ver vestigios de Él en la creación y Su Imagen en mi prójimo, sino hacer todo lo posible para dar fruto y manifestar la perfección de Dios en mi vida diaria, especialmente Su Bondad.

Creceré en el Don de la Piedad, recordando situaciones difíciles en las que Dios está en mi prójimo y debo tratarlo en ese nivel, y no en el nivel de sus méritos.

… en el Hijo:

Jesús sobresalió en este Don porque Él es el Hijo de Dios, pero no debo olvidar que Él mereció este mismo privilegio para mí por medio de la Gracia. Yo también puedo y debo sobresalir en el Don de la Piedad amando a mi prójimo, me ame, o no.

Jesús fue tan paciente con las faltas de Sus Apóstoles, no porque no Lo irritaran, sino porque Él comprendía sus debilidades y se compadecía de sus fragilidades.

Este amor comprensivo Lo hizo paciente. Él estaba dispuesto a esperar mientras los que amaba crecían en su aceptación de Él y en la fuerza que necesitaban para mantener firmes en sus convicciones.

Sólo tenía una cosa en mente: el honor y la gloria del Padre y Su deseo de tener a Sus seres queridos con Él en el Reino.

Su amor por el Padre y por todos los hijos del Padre le motivó a rezar sin cesar, trabajar sin descanso, sufrir sin quejarse, hacer el bien sin gratitud, dar sin aceptación y morir sin amigos. Yo seguiré Sus pasos.

... a través del Espíritu Santo:

Cada día, debo pedir al Espíritu Santo más de este Don. Es difícil amar a todo el mundo, y sin embargo mi grado de amor a Dios se basa en mi amor al prójimo.

Necesito una porción generosa de paciencia para aceptar las imperfecciones de mi prójimo sin disminuir mi amor por él.

Mi incapacidad para amar al prójimo a veces se debe a mi falta de paciencia. Creo que él debería crecer inmediatamente, pero me doy tiempo y excusas para subir y bajar en mi camino a la santidad.

Usaré la herramienta de la Piedad y veré más allá de las imperfecciones de mi prójimo, no porque sea fácil, sino porque tengo el Espíritu Santo dentro de mí y Su Poder puede lograr todas las cosas en mí.

"Espíritu Santo, dame el don de la Piedad para que yo pueda amar sin medir el costo.

La Escritura

"Sean humildes y amables, sean comprensivos y sopórtense unos a otros con amor. Mantengan entre ustedes lazos de paz y permanezcan unidos en el mismo espíritu: un solo cuerpo y un mismo espíritu, pues ustedes han sido llamados a una misma vocación y una misma esperanza. Un solo Señor, una sola Fe, un solo Bautismo, un solo Dios y Padre de todos, que está por encima de todo, lo penetra todo y está en todo.Cada uno de nosotros ha recibido su talento y Cristo es Quién fijó la medida de Sus dones para cada uno.

Sin embargo, a cada uno de nosotros se nos ha dado nuestra propia cuota de gracia, otorgada como Cristo la asignó. Se dijo que Él lo haría: Subió a las alturas, llevó cautivos, y dio Sus dones a los hombres" (Efesios 4: 2-8).

El Espíritu de la Fortaleza

- ✎ La Valentía en el Sufrimiento
- ✎ Perseverancia en Hacer el Bien
- ✎ La Prudencia

Cada Don parece mezclarse y apoyar a los otros Dones, y así es con el Don de la Fortaleza.

Es una cualidad muy importante de poseer, porque me hace perseverar en mi búsqueda de la santidad.

Tiendo a desanimarme cuando, después de esforzarme tanto por amar al prójimo y alejarme del pecado, caigo repetidamente.

El verdadero problema, a veces, no es tanto que yo dude del perdón de Dios, sino, si tengo o no la fuerza para seguir luchando lo que parece ser una batalla perdida.

Aquí es donde el Espíritu Santo me da Fortaleza: la fuerza para seguir adelante frente a la oposición, el fracaso, las caídas y la debilidad.

Tal vez sea una especie de santa terquedad en la que los grandes deseos superan mi falta de capacidad y la conciencia de que, por mucho que lo intente, no puedo hacerlo solo.

Seguir luchando por los principios cristianos cuando todos los que me rodean me dicen que siga a la multitud, exige un poder de Dios mismo, y ese Poder es la Fortaleza.

Es en el ámbito de la vida espiritual donde el Don de la Fortaleza me ayuda más. Hay momentos en los que yo puedo practicar la virtud con bastante facilidad, pero, hay otros momentos en los que la ocasión de pecar es mayor de lo que permiten mis propias fuerzas, y es en esos momentos, cuando se requiere heroísmo, cuando el Espíritu Santo me da la fuerza extra que necesito.

Es la propia fuerza de Dios, derramada en mi alma por el Espíritu Santo, la que viene en mi ayuda y sostiene literalmente mi debilidad.

"Te basta Mi Gracia; Mi mayor fuerza se manifiesta en la debilidad" dijo Jesús a Pablo, y esto es la fortaleza (2 Corintios 12: 9).

La Fortaleza me da el poder de perseverar en hacer el bien, pero también me da una resistencia sobrenatural.

Una cosa es aceptar la cruz; pero cuando no hay un final a la vista y la cruz se hace más pesada, entonces el Espíritu de Fortaleza me da el poder de soportar las cosas que no puedo cambiar ni eliminar.

Puedo aceptar un dolor de cabeza con cómoda facilidad, sabiendo que mañana estaré mejor, pero si fuera un cáncer doloroso, tendría que pedir el Espíritu de la Fortaleza.

Puedo aceptar una personalidad difícil durante una hora más o menos, pero si es para toda la vida, necesito el Don de la Fortaleza.

Puedo aceptar la privación durante un mes o algo así, pero si se prolonga durante años, necesito el Don de la Fortaleza.

Puedo aceptar la incomprensión durante un tiempo, pero cuando se convierte en odio y no puedo corregirlo, necesito el Don de la Fortaleza.

Puedo aceptar la injusticia, sabiendo que no todos pensamos igual, pero cuando esta me priva de la libertad, necesito el Don de la Fortaleza.

Puedo aceptar los prejuicios de vez en cuando, sabiendo que algunos no los entienden, pero cuando me quitan la dignidad, necesito el Don de la Fortaleza.

Esto me lleva a otro aspecto de la Fortaleza: la capacidad de esperar.

Se necesita un poder interior para esperar y mantener cualquier apariencia de serenidad.

Cuando tengo que esperar...

- La conversión de un amigo
- La recuperación de la salud, la mía o la de otros
- El reconocimiento de un trabajo bien hecho
- La llegada de un ser querido
- La resolución de un conflicto
- El perdón de un amigo
- La reconciliación con un enemigo
- El cese de un dolor
- El control de mis propias debilidades
- El tiempo en que todos los hombres serán hermanos
- El final del viaje

... entonces necesito el Don de la Fortaleza.

El Espíritu Santo va más allá y me da el valor para emprender grandes cosas por Dios. Hay una santa audacia que acompaña a la Fortaleza: una audacia que deja de lado las dificultades e incluso lo imposible, y que sólo busca el bien del Reino.

No sea que me enorgullezca por las cosas difíciles que hago o adquiera el complejo de mártir por las cosas dolorosas que soporto, el Espíritu Santo une la alegría a la Fortaleza.

La alegría hace que todo sea más fácil, tanto que a veces puedo, como dijo el Maestro en las Ocho Bienaventuranzas, exultar de alegría por mi miseria.

ORACIÓN

"Espíritu Santo, dulce Huésped de mi alma, necesito el Don de la Fortaleza para perseverar, para aguantar, para esperar, para emprender grandes cosas, y para llenarme de Alegría. Dame la fuerza para ser desinteresado y totalmente Tuyo".

Cómo puedo crecer en este Don de la Fortaleza …

… con el Padre:

Cuando las dificultades se aglomeran sobre mí y me siento tan impotente, me voy a un lugar tranquilo y pienso en la Omnipotencia del Padre. Él es tan poderoso que nada es imposible para Él. Si la pesada cruz que llevo no es levantada por Sus manos amorosas, entonces sé que Él me ama lo suficiente como para tratarme como un hijo, y quiere que saque el bien de esta cruz. No lo permitiría de otro modo. La contemplación de Su gran Poder hará descender sobre mi pobre alma, un gran valor y fuerza. Seré como una vasija vacía que se llena con la misma fuerza de Dios.

... en el Hijo:

Jesús me dio muchos ejemplos de Fortaleza.

Él continuó haciendo el bien, a pesar de la oposición de los líderes de Su tiempo.

Él curó y sanó frente a la ingratitud y la crítica.

Trabajó por el bien del Reino y dio grandes frutos para glorificar al Padre.

Soportó tormentos físicos y mentales para merecer la gracia de Su Espíritu, dándome el Don de la Fortaleza.

Logró lo imposible al construir Su Iglesia sobre las habilidades de doce hombres débiles, ya que uno lo traicionó, su líder elegido Lo negó, y todos los demás huyeron cuando Él estuvo en necesidad.

Ante el fracaso total, Él se levantó de la tumba, y dio Su propio Espíritu, sabiendo que incluso entonces muchos no Lo aceptarían. No fue anunciado, pero no se dejó intimidar. Yo seguiré Sus pasos.

... a través del Espíritu Santo:

El Don de la Fortaleza parece tocar muchas facetas de mi vida. Debo rezar diariamente para que aumente este Don en mí, y lo utilizaré en los momentos difíciles cuando mis propias fuerzas parezcan desvanecerse.

Sólo necesito invocar al propio Espíritu Santo para realizar y soportar aquellas cosas que están más allá de mis fuerzas.

Él quiere darme mucho más de lo que puedo pedir, así que no debo dudar en ser audaz y pedir las alturas de la santidad.

"Espíritu Santo, dame el Don de la Fortaleza para que yo pueda hacer grandes cosas para el Reino".

La Escritura

"Dado que Cristo padeció en Su Carne, háganse fuertes con esta certeza: el que ha padecido en su carne, ha roto con el pecado. Por lo cual, entreguen lo que les queda de esta vida, no ya a las pasiones humanas, sino a la voluntad de Dios". (1 Pedro 4: 1-2)

"Más bien alégrense de participar en los sufrimientos de Cristo, pues también se les concederán las alegrías más grandes en el día en que se nos descubra Su gloria. Si son insultados a causa del nombre de Cristo, felices ustedes, porque la gloria y el Espíritu de Dios descansan sobre ustedes". (1 Pedro 4: 13-14)

El Espíritu del Consejo

- ❧ El Discernimiento
- ❧ El Autoconocimiento y la Misericordia
- ❧ Trae a la mente la enseñanza de Cristo

Hay momentos en mi vida en los que debo tomar decisiones, discernir lo que proviene del Espíritu Santo, de mi propio espíritu o del espíritu maligno; ser prudente en mis tratos y en mis obras, ser lo suficientemente fuerte como para verme a mí mismo como realmente soy, y recordar la vida de Jesús para obtener valor para mi vida diaria.

Para lograr todo esto, el Espíritu Santo me da el Don del Consejo. Es un Don muy poderoso porque me permite verme a mí mismo y a los demás en Su verdadera luz.

Voy a ver los diferentes aspectos de este Don para ver cómo puedo utilizarlo para un mayor progreso en la santidad.

El Maestro dijo muchas veces que habría falsos profetas, falsos Cristos y lobos con piel de oveja. Mi alma debe estar abierta al Espíritu, para que Él pueda darme esa clase de intuición y luz para penetrar el incidente o la persona y ver la verdad.

Hay doctrinas falsas, capaces de destruir mi alma, y necesito la luz del discernimiento para penetrar el bello exterior y ver la oscuridad del error.

Hay obras diferentes que parecen buenas, y debo discernir si mi motivo para tales obras es mi propio orgullo, o la gloria de Dios.

Hay personas que no dejan de animarme a tomar el camino fácil, y sus argumentos parecen razonables, pero debo discernir que el camino de la santidad es difícil de recorrer y tomar valor de Jesús, que Lo recorrió antes que yo.

A veces me pregunto si Jesús no tenía en mente el discernimiento cuando Él dijo que debo ser astuto como la serpiente, pero sencillo como la paloma. (Mateo 10: 16).

El Tentador se cruzará en mi camino muchas veces, y debo discernir sus tácticas, su presencia y sus tentaciones de ser odioso, implacable, celoso, codicioso, ambicioso de cosas mundanas y orgulloso. Debo ver estas cosas como realmente son: tentaciones. No puedo racionalizarlas y culpar a otras personas. Debo discernir que no importa la ocasión o la persona que cause estos sentimientos, es el tentador quién los hace persistir y devorar mi alma.

Debo permanecer muy cerca de mi Amigo, el Espíritu Santo, para tener tanto la luz, como la fuerza para discernir el bien del mal, lo correcto de lo incorrecto, el espíritu humano, del Espíritu Santo, y una oportunidad para practicar la virtud ante una ocasión para pecar.

Necesito desprenderme de mis propias opiniones para estar abierto a las inspiraciones silenciosas del Espíritu Santo. Sólo entonces podré discernir lo que Él dice y lo que desea.

Casi todos los días hay algunas decisiones que tomar, y hay veces en que debo hacer una elección que puede resultar dolorosa.

¡Cómo necesito que el Espíritu del Consejo me dé la luz para ver dónde está la Voluntad de Dios!

El Don del Consejo despeja la niebla de la incertidumbre y me da una imagen clara del curso correcto a tomar y la determinación de seguir ese curso hasta una conclusión exitosa.

Sólo la seguridad que proviene del Don del Consejo puede darme esa santa audacia para lograr grandes cosas para Dios.

Como el Don del Consejo puede darme un gran impulso para hacer todo lo posible porDios, el Espíritu une la Prudencia con el Consejo. La Prudencia me guía y me permite discernir la diferencia entre una acción que puede ser temeraria y una que es inspirada.

Tal vez el efecto más importante del Don del Consejo sea el autoconocimiento. El cual me da la luz que necesito para verme como yo soy realmente.

Se necesita una cualidad especial para ver mis defectos y no racionalizarlos, o fingir que no están ahí. Puedo ir por la vida bajo una ilusión y adherirme a mis propias opiniones, hasta el punto de que todo el mundo está equivocado excepto yo mismo.

Las acciones más bajas pueden ser racionalizadas hasta que dejan de parecer equivocadas. Cuánto necesito el Don del Consejo para ver que mi ira o mi impaciencia son mías y no pueden excusarse con el pretexto de que el prójimo o circunstancias, son la causa de mis fracasos. No puedo culpar a las personas o cosas, aunque ellas hayan proporcionado la oportunidad. Debo mirar más allá del incidente y discernir la manera de Jesús y la Voluntad del Padre, y ver sólo las tijeras de podar, de la virtud remodelando mi alma a la imagen de Cristo.

Miraré profundamente y veré que:

- ☞ Mi orgullo me hace rebelarme contra la ingratitud y el insulto
- ☞ Mi impaciencia se niega a esperar
- ☞ Mi ira busca excusas para descargar su furia
- ☞ Mi falta de fe me hace dudar de Su Amor
- ☞ Mi ambición me hace ser pretencioso

- Mi letargo me hace desistir
- Mi envidia se alegra de la desgracia ajena
- Mi falta de bondad me hace ser grosero
- Mi falta de misericordia me hace criticar
- Mi falta de amor me hace insoportable

Así que debo practicar la disciplina mental y no permitir que ningún tipo de perturbación entre en mi alma. Debo, como sugiere el Maestro, sacudir el polvo de mi alma y estar seguro de que mi paz vuelve a mí, cuando no es aceptada por mi prójimo. Esto parece más fácil de lo que es, pero debo tener Fe en el Espíritu y en mi propia capacidad para superar cualquier cosa que me proponga.

Cada vez que ocurre algo que me duele y noto que empieza a ocupar mi mente, debo recurrir inmediatamente a la oración, aunque sea breve. Debo elevar mis pensamientos a la Misericordia, el Amor y la Paciencia de Dios, o recordar la vida de Jesús para calmar mi imaginación y mis emociones.

Es aquí donde el Espíritu Santo, a través del don del Consejo, infunde dentro de mi Entendimiento y Voluntad, más control de la situación y de mis propios pensamientos.

Si permito que mi memoria recuerde constantemente el incidente e incite a mi imaginación a exagerar todo fuera de proporción, mi entendimiento se vuelve irracional y mi voluntad débil: el incidente me controla a mí y no yo a él.

Las inspiraciones del Espíritu Santo son literalmente aplastadas por la efusión de la impaciencia, el odio, la ira y el orgullo. ¿Cómo puedo beneficiarme de los silenciosos susurros del Espíritu bajo tales emociones incontroladas?

Debo acallar mi imaginación y mi memoria mediante la oración y mirar a Jesús. El Espíritu Santo me dará entonces la luz para ver mi propia debilidad y las tácticas del tentador en diferentes situaciones para que yo pueda elevarme por encima de ellas, ofrecerlas al Padre en unión con Jesús, y vencerlas mediante el poder del Espíritu.

Es de suma importancia que yo vea a Dios en todo y escuche Su Voz cuando Él me llama al arrepentimiento, la humildad, el amor, la paciencia y la bondad.

Cada situación difícil es un llamado de Dios a imitar a Su Hijo.

Cada persona necesitada es una invitación a invocar el poder del Espíritu Santo.

Cada debilidad es una oportunidad para depender de Su fuerza.

Cada dolor es una llamada a imitar a Jesús y a soportarlo con paciencia.

Cada hora de soledad me invita a recordar al siempre presente Huésped de mi alma y ser consolado.

Cada persecución es una ocasión para bendecir, perdonar y alegrarme de haber sido encontrado digno de imitar a Jesús.

Cada incomprensión me da la habilidad de ser compasivo y misericordioso.

Toda mi vida, de momento a momento, es una llamada de Dios para responder: "Aquí estoy para hacer Tu Voluntad".

Necesito el Don del Consejo para vivir a la luz del discernimiento y poder afrontar la verdad sin miedo, teniendo siempre mi mano en la Suya.

RECORDANDO LA VIDA DE JESÚS

Quizás este sea el efecto más importante del Don del Consejo en mi vida. Es obra del Espíritu que me hace recordar la Vida, las Revelaciones y los dichos de Jesús, en los momentos en que los necesito.

Jesús llegó a decir que ni siquiera debía preparar mi defensa o preguntarme qué decir cuando se presentara la ocasión de hablar en Su Nombre. Me dijo que el Espíritu me daría elocuencia y me diría qué decir.

Lo mismo ocurre con mis defectos y debilidades. No sólo me las revela, sino que me da el remedio para todos mis males espirituales: el ejemplo de Jesús.

Por muy difíciles que sean las cosas, hay un paralelo en la vida de Jesús. Puedo ver cómo Él actuó y lo que dijo y puedo basar mis acciones en ese conocimiento y no en mis emociones.

No debo pretender ser Jesús. Debo ser yo mismo en cada circunstancia, pero puedo normalizar mi vida y mis acciones por los principios que Él estableció para mí.

Los Evangelios están llenos de ejemplos de virtud en todas las situaciones posibles, y mediante el Don del Consejo, el Espíritu recordará esos incidentes con tal claridad que yo sabré cómo actuar y qué decir.

Puede haber momentos en los que sea necesario buscar una respuesta a un problema, pero nunca debo temer: Su Consejo me guiará.

Debo leer los Evangelios diariamente para absorber la Palabra en mi alma. Sus Evangelios son más que un ejemplo de lo que Él logró; me dan el poder de imitar ese ejemplo y duplicarlo en mi propia vida.

La lectura de Su vida y las inspiraciones de Su Espíritu ayudan a cambiar mi vida cuando yo observo:

- ✎ Su paciencia en circunstancias difíciles
- ✎ Su amor ante la ingratitud
- ✎ Su indiferencia ante las calumnias de Sus enemigos
- ✎ Su compasión por los pecadores
- ✎ Su tolerancia con las faltas de sus amigos
- ✎ Su humildad frente a la arrogancia
- ✎ Su bondad con los necesitados
- ✎ Su perdón hacia los que Le ofendieron
- ✎ Su justa ira cuando la Casa de su Padre se convirtió en una cueva de ladrones
- ✎ Su deseo de sacrificar Su vida por los pecadores

ORACIÓN

"Espíritu Santo, mi amigo y consejero, lléname cada día más con este necesario Don del Consejo. Ilumina mi mente para que yo pueda tener pensamientos de paz, discernir Tu Voluntad y Acción, mezclar el entusiasmo con la prudencia, conocerme a mí mismo y absorber en mi alma el amor y las virtudes de Jesús".

Cómo puedo crecer en este Don del Consejo …

… con el Padre:

Pensaré a menudo en la Sabiduría y Omnisciencia del Padre. Él conoce todas las cosas y nada me sucede que no haya pasado por Sus Manos. Él Lo ha medido, ha visto cada detalle y me Lo ha dado.

Incluso el mal en mi vida está permitido sólo porque dentro de él hay algo de bien.

Pediré luz a mi Padre cuando yo deba tomar una decisión y me daré cuenta de que Él responderá a mi oración. Si tomo una decisión equivocada, Él estará a mi lado y me dará Sus gracias que necesito para arreglar las cosas.

Él tiene un plan definido para mí, y debo pedirle la luz para ver claramente Su Voluntad.

… en el Hijo:

Jesús siempre supo exactamente lo que el Padre quería para Él en cada momento. Hubo momentos en los que fue severo y otros en los que fue misericordioso. Él condenó a los fariseos y perdonó a la mujer encontrada en adulterio. Él discernió que los pecados de uno, provenían del orgullo, y los del otro, de la debilidad. El primero, Él lo corrigió con severidad con la esperanza de sacar el orgullo escondido en su interior. Para el otro, Él tuvo Misericordia para darle fuerza para arrepentirse y reformarse.

Es la hermosa virtud de la Misericordia en Jesús la que Le dio a Él un alto grado de discernimiento.

Fue el Discernimiento Misericordioso lo que Le hizo

- Condenar a los abogados como sepulcros blanqueados, para incitarlos a examinar sus conciencias
- Perdonar a la Magdalena, quién tenía siete demonios, porque estaba llena de amor arrepentido
- Suplicar al hombre que sanó, que tuviera cuidado para que no le ocurriera algo peor.
- Advertir a Pedro de que él le negaría tres veces.
- Predijo las futuras persecuciones de los Apóstoles y les da alegría para superarlas.
- Ver la Voluntad de Su Padre y cumplirla con tranquilidad, aunque se diera cuenta de que Sus palabras y acciones agravaban a muchos
- Mantenerse erguido por el bien de la Justicia aunque Él estuvo solo

Seguiré Sus pasos.

… a través del Espíritu Santo:

Debo tratar de mantener mi alma tranquila para escuchar la voz del Espíritu mientras Él me guía por el camino de la santidad.

Debo comprender que habrá momentos en los que tendré grandes dudas sobre qué camino seguir. Esta misma duda es el comienzo del discernimiento, pues me está diciendo: cuando dudes, quédate quieto, espera; aún no ha llegado el momento de ver claramente el camino correcto.

No debo temer que la duda sea una indicación de que el Espíritu no ha respondido a mi oración. Simplemente Él me está diciendo que espere. A veces, no actuar es la mejor acción, y debo confiar en el Espíritu y saber que puedo tomar una decisión sólo de acuerdo con la luz que tengo en ese momento, y Él estará a mi lado.

Debo pedir al Espíritu que yo me conozca, y no sorprenderme si la respuesta es inmediata. Él me hace ver a menudo mis defectos, no para que me desanime, sino para que sepa en qué áreas necesito perfeccionarme, para que mi alma asuma las virtudes de Jesús y refleje Su Misericordia y Su Amor.

"Espíritu Santo, dame un aumento del Don de Consejo para que yo pueda caminar por los caminos de la santidad todos los días de mi vida".

LA ESCRITURA

En adelante el Espíritu Santo, el Intérprete que el Padre les va a enviar en mi Nombre, les enseñará todas las cosas y les recordará todo lo que Yo les he dicho. (Juan 14: 26)

Y, cuando Él venga, convencerá al mundo en lo referente al pecado, en lo referente a la justicia y en lo referente al juicio. En lo referente al pecado, porque no creen en Mí. En lo referente a la justicia, porque Me voy al Padre, y ya no Me veréis; en lo referente al juicio, porque el Príncipe de este mundo está juzgado (Juan 16: 8-11).

"Cuando sean arrestados, no se preocupen por lo que van a decir, ni cómo han de hablar. Llegado ese momento, se les comunicará lo que tengan que decir. Pues, no serán ustedes los que hablarán, sino el Espíritu de Su Padre que hablará en ustedes". (Mateo 10:19-20).

El Espíritu del Conocimiento

- El Desapego y la Esperanza
- La Realización de una Cosa Necesaria
- Capacidad de ver a Dios en todo

Un día Jesús dijo que de nada le serviría al hombre ganar el mundo entero y perder su propia alma (vea Mateo 16:26).

Hay momentos en mi vida en los que me parece experimentar un conocimiento intuitivo de lo único necesario.

Esto es especialmente cierto cuando puedo:

- Ver el equilibrio entre amarme a mí mismo y odiar mi vida para no perderla
- Amar a mi prójimo y no apegarme a él
- Utilizar las cosas de este mundo y no ser poseído por ellas
- Disfrutar de la vida sin descansar en ella
- Proveer para el día de hoy sin preocuparme excesivamente por el de mañana
- Tener ganas de vivir y desear el Cielo
- Ver a Dios en todas las cosas y comprender que Él las trasciende a todas
- Admirar la belleza visible sin perder de vista su Fuente invisible

El Espíritu me da una especie de conciencia espiritual de lo único necesario en esta vida: la transformación de mi alma en Jesús, el honor del Padre y el bien del Reino.

Es difícil amar tan desinteresadamente que sólo busque el bien de mi prójimo, y, sin embargo, a menos que lo haga, nunca podré decir realmente que lo amo por sí mismo.

El Don de Conocimiento no lo hace ciego a uno a las faltas de mi prójimo; me da el poder de ver más allá del exterior áspero y ver la imagen de Dios.

Esto eleva mi amor y mi preocupación más allá de lo visible y ve a Dios, cuya Omnipotencia y Misericordia sostienen al pecador, y cuyo Amor sostiene al justo.

Tal vez sea más fácil ver a Dios en el pecador porque debo hacer un mayor esfuerzo para hacerlo. Una de las paradojas de la vida es que corro el riesgo de perder de vista a Dios en aquellas personas que son fáciles de amar, porque empiezo a buscarlas para mi propio bien.

El placer y el éxito pueden envolverme hasta el punto de no ver a Dios, sino sólo a mí mismo. Puedo apegarme a la gloria personal y desear ser amado por mi propio bien y no por el de Dios.

Mi propio amor se vuelve egoísta y mi amor por los demás posesivo, y entonces es cuando necesito implorar al Espíritu por el Don del Conocimiento.

El Don de Conocimiento es esa capacidad de amar profundamente y disfrutar de las cosas buenas de la vida sin preocuparme excesivamente en caso de perderlas.

San Pablo lo expresó bellamente cuando dijo que no le importaba si lo alababan o lo culpaban siempre que no perdiera de vista a Cristo.

La razón por la que necesito este conocimiento especial es que me hace comprender la única cosa necesaria en todas las facetas de la vida.

Puedo enredarme en mí mismo y en las situaciones y perder de vista lo que el Señor está tratando de enseñarme.

Si alguien me ofende, debo ver más allá del ofensor y ver sólo el amor podador de Dios que permite el mal para mi bien. Sin embargo, debo esforzarme para ver a Dios en esta situación, y entonces el Espíritu Santo aumentará el Don de Conocimiento para hacerlo más fácil.

Empiezo a darme cuenta de que cada momento de mi vida es parte de un plan, y sólo veo una cosa: la Voluntad de Dios y el Amor de Dios por mí.

Este Don me impide amargarme y resentirme y guardar rencores. No ve a las personas imperfectas que me causan angustia, sino sólo oportunidades para ser como Jesús.

El Salmo 107:35 dice: Él convierte los desiertos en lagunas y la tierra seca en manantiales". Me gusta pensar que esto se refiere a los efectos del Don del Conocimiento. Cambia los muchos desiertos de soledad y humillaciones en manantiales de agua viva que alimentan mi alma con la Gracia y la nueva vida.

Dentro de cada cruz de mi vida hay un tesoro escondido, envuelto en el dolor, esperando a que lo extienda y lo tome para mí.

El Don de Conocimiento me ayuda a encontrar la perla de gran valor escondida en el suelo de la adversidad. Ve la verdadera riqueza de la vida, la riqueza que ninguna polilla consume ni la herrumbre destruye, el amor y la amistad de Dios a través de Jesús, su Hijo.

El Don de Conocimiento ve que:

- Aunque yo gane el mundo entero y no tenga el amor de Jesús en mi corazón, esa riqueza no sería nada.
- Aunque yo diera todo mi dinero a los pobres, sin el amor de Jesús en mi corazón, no sería nada.
- Aunque hiciera grandes descubrimientos en el campo de la ciencia, pero por motivos egoístas y no por el amor a Jesús y al prójimo, no sería nada.

- ❧ Aunque yo conquistara el mundo pero no me conquistara a mí mismo, no sería nada.
- ❧ Aunque hiciera caminar a los demás por el camino recto y estrecho, pero nunca me controlara a mí mismo, no sería nada.
- ❧ Aunque yo practicara la virtud heroica pero sólo para ser visto por los hombres y no por amor a Jesús, no sería nada.
- ❧ Aunque el mundo me aplaudiera pero a costa de mi propia alma, no sería nada.
- ❧ Aunque fuèra un intelectual y poseyera grandes conocimientos pero no conociera a Dios, no sería nada.

Pero cuando yo comienzo:

- ❧ A conocer la única cosa necesaria en todas las cosas
- ❧ Saber cómo soportar todas las cosas con amor
- ❧ Saber perdonar y olvidar con misericordia
- ❧ Saber elevarse por encima de todas las cosas con desprendimiento
- ❧ Saber ver el Plan de Dios en todas las cosas

entonces eso es Algo, eso es el Don del Conocimiento.

Puedo ver en esto que el Don de Conocimiento trae consigo un alto grado de Esperanza. Mi esperanza comenzó a aumentar con el Don del Temor del Señor, pero en ese Don era sólo una especie de equilibrio que me mantenía alejado de la desesperación o la presunción. Pero con el Don del Conocimiento mi Esperanza se vuelve más profunda, estable y más alegre.

Los Apóstoles Pedro y Juan retrataron este tipo de esperanza cuando se alegraron de haber sido encontrados dignos de sufrir algo a imitación del Maestro.

Vieron algo más que perseguidores y fariseos orgullosos; sabían que estas pruebas eran sólo oportunidades para actuar como hijos del Padre.

La mayoría de mis problemas en la vida provienen de la falta de comprensión del misterio oculto detrás de cada circunstancia desagradable. No debo tomar todo como algo personal, sino que debo ver a las personas esforzándose, aunque a menudo fracasando, por ser buenas.

Con este Don, yo puedo contemplar la situación más desagradable y conservar la esperanza que proviene de ver la Mano invisible de Dios en todo ello.

Esta actitud evita que me desanime y me desmoralice. Las cosas se vuelven insoportables cuando sólo miro la situación, no encuentro ninguna razón para ello, y tomo todo a nivel personal. A menudo, lo que considero la sombra de un gigante que se cierne sobre mí para destruirme, resulta ser simplemente mi propia sombra creada por la luz de Dios detrás de mí, que me dirige, corrige y remodela a Su imagen.

Este Don puede darme una sensación de libertad en mi vida. Paso demasiado tiempo tratando de analizar por qué suceden las cosas, los motivos detrás de ellas, y mis propios sentimientos heridos, que es imposible conservar algún tipo de paz. Pero cuando empiezo a ver que las tijeras de podar de Dios me proporcionan o permiten oportunidades para perdonar o amar, entonces puedo aceptarlas con paz.

Debo entrenarme para ver estas oportunidades. El Maestro me ha pedido que rece por los que me ofenden y que bendiga a los que me maldicen. No me ha pedido lo imposible, aunque a veces lo parezca. Cuando empiece a entender y a ver estas ocasiones como lo que realmente son, oportunidades para crecer a la imagen de Jesús, entonces estaré usando el Don de Conocimiento como una llave que abre muchas puertas cerradas en mi vida.

La vida ya no será una prueba de resistencia, sino un viaje con el Divino Viajero, que me da la luz del Conocimiento en la oscuridad para guiarme a Casa.

ORACIÓN

"Espíritu Santo, aumenta en mí este Don de Conocimiento, para que pueda penetrar en el misterio del dolor y el sufrimiento en mi vida. No pido entender la razón detrás de todo, sino sólo la lección que Tu Sabiduría desea enseñarme".

Cómo puedo crecer en este Don de Conocimiento …

… con el Padre:

Pensaré a menudo en la Bondad y la Providencia del Padre. Él suple no sólo mis necesidades materiales, sino también las espirituales. Su Bondad saca el bien del mal, y Su Providencia proporciona muchas oportunidades para realizar buenas obras.

Su Bondad me recompensa por lo que Su Providencia ha provisto, y Su Omnipotencia me ha dado la fuerza para realizarlo.

Todas las cosas están presentes para Él en el Eterno Ahora, y así Su Sabiduría me ilumina para ver lo necesario para que yo pueda cosechar el fruto de cada alegría y dolor en mi vida.

Él se cierne sobre mí con un Cuidado Infinito y no permitirá que me suceda nada que no sea para mi bien de alguna manera. Debo confiar en Él, por muy difícil que sea confiar. Su Amor

Paternal acepta mis esfuerzos por verle en todo, aunque mi fe vacile en la oscuridad.

... en el Hijo:

Este Don se manifestó en Jesús. Se hizo amigo de ricos y pobres, de pecadores y de santos, y sin embargo, Él nunca dejó que Su amor por ellos interfiriera con la Voluntad del Padre respecto a ellos.

Él sabía que seguirle a Él, significaba persecución y sufrimiento para sus Apóstoles, pero Él nunca les ocultó esa realidad. De hecho, predijo cuáles serían sus futuros sufrimientos por creer en Él.

Él se aferró a la Verdad en las circunstancias más difíciles porque Él quería inculcarme lo único necesario, la gloria del Padre y el bien de mi prójimo, y esto a costa de mí mismo y de todo lo que aprecio.

Él nunca se involucró tanto en una situación dolorosa como para que perdiera de vista la Voluntad de Su Padre. Aceptó la sospecha y el ridículo como parte del plan del Padre para Él, Su amorosa aceptación lo hizo santo pero no insensible al dolor.

Él elevó el sufrimiento y lo hizo capaz de añadir a mi gloria eterna en lugar de a mi ruina. Él me dio valor por Su Valentía, esperanza por Sus victorias, y fe por Su Resurrección.

Yo seguiré Sus Pasos.

... a través del Espíritu Santo:

Hay momentos en la vida en los que el miedo se apodera de mi alma y un sentimiento de inutilidad lo ensombrece todo. El miedo al futuro con sus incertidumbres, el peso de la cruz sin final a la vista, todo parece aplastarme y drenar de mi alma el último rayo de esperanza.

Es en un momento como éste, cuando debo suplicar al Espíritu que aumente mi Don de Conocimiento. Necesito Su fuerza para acallar mi memoria cuando recuerdo viejos resentimientos que llenan mi alma de ira y amargura.

Yo necesito Su Poder para acallar mi imaginación cuando ésta sumerge mi alma en el temor de lo que traerá el futuro y en mi incapacidad para afrontar el presente.

El Don de Conocimiento acalla estas dos facultades porque me trae a la mente cómo Dios ha cuidado de mí en el pasado, y me asegura que Su Providencia me proveerá en el futuro. El momento presente no encierra ningún terror, ya que utilizaré este Don como herramienta para liberar mi alma de preocupaciones inútiles y sumergirlas en los brazos todopoderosos de mi Padre, que me cuida como una madre a su único hijo.

Con este Don yo puedo mirar al pasado y recordar éxitos y fracasos, virtudes y pecados. Me ilumina para ser humilde y alabar a Dios por todo el bien que yo realizo, y recoge el fruto de mis errores. Me hace comprender que el recuerdo de mis debilidades, puede ser la ocasión para crecer en humildad, paciencia y comprensión. Sabe cómo hacer que las cosas se vuelvan a mi favor.

Mi imaginación trabaja en exceso a menudo y proyecta imágenes oscuras del futuro, magnifica las faltas de mi prójimo y alimenta las ofensas del pasado, imputando motivos malignos a acciones inocentes. Aquí es donde mi Don de Conocimiento puede prestarme un gran servicio. Este Don me da la seguridad de que todo lo que yo pueda haber sufrido injustamente, será recompensado por mi Padre. Todo el sufrimiento que yo traiga sobre mí mismo, Él lo aceptará como parte de mi penitencia si se Lo entrego con amor y paciencia.

Mi futuro y todo lo que contiene, está en las mejores Manos. El Don del Conocimiento me da una profunda comprensión del propósito de mi vida, y de lo importante que soy para Dios y para el mundo. Formo una parte definitiva de Su Plan, y esta comprensión me da confianza para seguir adelante.

Pediré diariamente al Espíritu Santo que aumente este importante Don en mí, el Don que me da libertad a través del desprendimiento; la capacidad de ver a Dios en el sufrimiento y el dolor; una conciencia de lo único y necesario; y una confianza en Su Divina Providencia que guía y planifica cada faceta de mi vida.

"Espíritu Santo, aumenta mi Don de Conocimiento, para que yo nunca pierda de vista lo único y necesario".

ESCRITURA

"Busquen primero Su Reino y Su Justicia, y se les darán también todas esas cosas. No se preocupen por el día de mañana, pues el mañana se preocupará por sí mismo. A cada día le bastan sus problemas". (Mateo 6:33-34)

"Marta, Marta, tú andas preocupada y te pierdes en mil cosas: una sola es necesaria,….."(Lucas 10: 41-42)

A causa de Él, ya nada tiene valor para mí, y todo lo considero como basura mientras trato de ganar a Cristo. Quiero encontrarme en él, no llevando ya esa justicia que procede de la Ley, sino aquella que es fruto de la fe de Cristo, quiero decir, la reordenación que Dios realiza a raíz de la fe. (Filipenses 3: 8-9)

"¿De qué le sirve a uno si ha ganado el mundo entero, pero se ha destruido a sí mismo? ¿Qué podría dar para rescatarse a sí mismo?". (Marcos 8:36-37)

"Aunque tuviera el Don de Profecía y descubriera todos los misterios y la ciencia entera, aunque tuviera tanta fe como para trasladar montes, si me falta el amor, nada soy". (1 Corintios 13: 2)

"He observado cuanto sucede bajo el sol y he visto que todo es vanidad y atrapar vientos. ... Tengo una sabiduría grande y extensa...He aplicado mi corazón a conocer la sabiduría, y también a conocer la locura y la necedad, he comprendido que aun esto mismo es atrapar Viento. ... Consideré entonces todas las obras de mis manos y el fatigoso afán de mi hacer y vi que todo es vanidad y atrapar vientos". (Eccles. 1:13, 16-17; 2:11)

Espíritu de Entendimiento

- Luz para penetrar en los misterios
- Mayor Fe
- Vida de oración más profunda

Al observar estos diferentes Dones, puedo ver que cada uno añade alguna cualidad a mi vida espiritual que es necesaria para mi avance en la santidad.

Cada Don es distinto y bello en sí mismo, y sin embargo, todos se envuelven y potencian entre sí, formando una fuerte escalera que me lleva a Dios.

Vi en el Don del Conocimiento una cualidad de desprendimiento y una comprensión de que hay más en la vida de lo que se ve a simple vista.

El Don del Entendimiento continúa y me permite penetrar en las realidades invisibles que hay detrás de las cosas que el Conocimiento ha despojado.

El Espíritu no me deja colgado en el aire después de haberme mostrado la vanidad de todas las cosas de este mundo; Él despierta mi Fe a un plano superior para que yo pueda penetrar en los misterios de Dios.

Esto no significa que los entienda completamente, pues eso es imposible para una mente definida.

Significa, sin embargo, que parece que llego a la esencia de un misterio, de modo que casi "siento" su significado.

La comprensión no añade nada a las revelaciones de Dios, pero me da la capacidad de "ver dentro" del misterio.

Puede que yo no sea capaz de explicar a otros lo que veo, pero todo está muy claro en mi propia alma, lo suficientemente claro como para unir mi alma a Dios de la manera más hermosa.

Debo darme cuenta de que es el Don de Entendimiento en funcionamiento cuando de repente recibo una nueva luz sobre un pasaje de la Escritura que he leído cientos de veces antes y nunca he entendido.

Estas luces repentinas que elevan mi alma a otro plano, o me dan audacia para una tarea difícil, son el Don de Entendimiento que aumenta mi Fe para que yo pueda "ver" a Dios.

Hay una especie de Fe intuitiva en el Don de Entendimiento. Me eleva por encima de las creencias ordinarias que poseo y me permite ver en el núcleo de un misterio.

Es como veren una revista, una foto a todo color, de un amanecer, y ver una fuera de mi ventana. Ambos son un amanecer, pero la belleza del primero está fuera de mí, y la belleza del segundo, ha penetrado de alguna manera dentro de mí.

Mi fe me dice que hay una Trinidad de Personas en Dios, y yo creo; pero, si de repente me doy cuenta de que este misterio está dentro de mí, y de alguna manera comprendo que realmente llevo a estas Personas Divinas a todas partes, entonces éste es el Don de Entendimiento en funcionamiento.

Sigue siendo un misterio en sí mismo, pero es más real y muy cercano: es mío, y afecta a toda mi vida añadiendo una nueva dimensión a mi Fe: el tipo de Fe que casi "ve".

Los pasajes de la Escritura adquieren un nuevo significado con el Don de Entendimiento. No se añade al sentido literal o histórico de la Escritura, pero me da un profundo sentido espiritual de la Escritura.

Me da la capacidad de aplicar las Escrituras a mi vida diaria, y abre el camino para que el Señor me hable como un amigo le habla a otro amigo.

Tal vez uno de los efectos más importantes del Don de Entendimiento es este aumento de la Fe.

La Fe debe ser más que una aceptación intelectual de las revelaciones de Dios. Debe tocar mi vida diaria y afectar la vida de mi prójimo.

Cuando empiezo a darme cuenta con una certeza y conciencia inexplicables de que:

- Hay un Dios que ama a todos los hombres, pero que me ama a mí de manera personal

- ☙ Dios es mi Padre, y debo mirar a mi prójimo como a un hermano.
- ☙ Dios es uno y, sin embargo, tres personas, y cada una de ellas afecta a mi vida.
- ☙ Dios está en todas partes, y sin embargo, sólo tengo que mirar hacia dentro para encontrarlo.
- ☙ La Providencia de Dios cuida de todos, y sin embargo conoce cada uno de mis movimientos, y me provee, como persona, con el cuidado de un Padre para su único hijo.
- ☙ Su Amor pesa cada cruz antes de ponerla sobre mis hombros

entonces estaré creciendo en el Don del Entendimiento y en la vivencia del misterio interior de Su Amor Revelador.

Cuando empiece a penetrar en los misterios de Dios, mi vida de oración será más profunda, tranquila y contemplativa.

Mi fe descansará segura en la oscuridad y se contentará con amar y esperar.

La oración será más que una conversación, entre Dios como Padre y yo como hijo. Se elevará a las alturas de Amante y Amado, una nueva relación, una relación de paz y comprensión.

Hay muchos tipos y maneras de orar, y las utilizo todas en diferentes momentos y etapas de mi vida de unión con Dios, porque:

- A veces, hablo con Dios como un amigo habla con un amigo, y eso es la oración conversacional.

- A veces, memorizo una oración y la repito una y otra vez para disciplinar mi mente, y eso es oración formal.

- A veces hablo en voz alta y alabo Su Nombre con palabras y canciones, y eso es oración vocal.

- A veces pienso en un incidente de la vida de Jesús y me imagino allí en el momento en que ocurrió, y eso es oración mental.

- A veces estoy angustiado y en tal desolación del alma, que simplemente grito: "Dios, ayúdame", y esa es la oración de angustia.

- A veces estoy tan frío y en tal oscuridad que, simplemente miro al Cielo y suplico por la luz, y esa es la oración de la fe.

- A veces estoy confundido por el sufrimiento y el dolor, y sin consuelo, y grito: "Hágase Tu voluntad", y esa es la oración de resignación.

- A veces me siento fracasado después de tantos intentos de mejorar, pero miro a Dios, que es el único que puede hacerme santo, y ésa es la oración de la humildad.

- A veces rezo las oraciones de la Iglesia, en comunión con el prójimo, y ésa es la oración de la Liturgia.

- A veces me siento como si todo estuviera perdido, pero miro a Dios y digo: "Pongo mi confianza en Tí", y esa es la oración de la esperanza.

- A veces me siento abrumado por la alegría, y susurro: "Gracias, Dios", y esa es la oración de gratitud.

- A veces, soy consciente de Su Divina Presencia en las profundidades de mi alma, algo invisible pero casi tangible, y esa es la oración de la conciencia comprensiva.

- A veces, la conciencia de Su Presencia me cubre con un manto de serenidad, y esa es la oración de la atención amorosa.

Todos estos tipos de oración son realzados por el Don de Entendimiento. Este don me lleva a las alturas de la oración, donde mi alma nunca deja la presencia de su Amado.

ORACIÓN

"Espíritu Santo, dame un aumento del Don de Entendimiento, para que yo pueda penetrar en los Misterios de Dios y comprender la longitud y la amplitud de Su Amor por mí".

Cómo puedo crecer en este Don de Entendimiento…

… con el Padre:

Miraré a menudo al Padre y trataré de darme cuenta de que nada está oculto para Él, así sabré que Él está dirigiendo todo en mi vida. En Su Luz Divina, todas las cosas son visibles, y Él iluminará mis tinieblas con la luz de la Fe.

Cuando me asalten las dudas, la meditación en el amor del Padre por mí, calmará mi alma y me dará esa Fe tranquilizadora tan necesaria para vivir una vida cristiana.

Si Él dio a su Hijo por mí, y Lo hizo, entonces no me negará un regalo menor. Él desea que yo imite Sus propias perfecciones para reflejar a su Hijo en mi vida diaria.

Cada día, me tomaré un tiempo para pensar en Sus Cualidades, y Él bendecirá mis esfuerzos dándome la luz que necesito para penetrar en esas Perfecciones y hacerlas mías.

… en el Hijo:

Cuando Felipe le pidió a Jesús que le mostrara al Padre, Jesús le contestó: "Hace tanto tiempo que estoy con ustedes, ¿Y todavía no Me conoces, Felipe? El que me ve a Mí ve al Padre. ¿Cómo es que dices: Muéstranos al Padre?" (Juan 14: 9).

Felipe no había penetrado en el Misterio de la Encarnación. Estaba tan cerca de Jesús, se acostumbró tanto a tener a Jesús a su lado, que todo se volvió más bien ordinario y perdió de vista a Jesús como Dios.

Yo corro el riesgo de hacer lo mismo que Felipe, cuando pierdo la impresionante conciencia del misterio de Dios y de su amor personal por mí.

Jesús asumió nuestra naturaleza humana y, aunque era amable, compasivo y siempre estaba disponible, nunca perdió el sentido del misterio que le correspondía por Su naturaleza de Dios.

Se esmeró en recordarme una y otra vez que Él estaba en el Padre y el Padre estaba en Él. Esto, entre otras muchas revelaciones, me pide que lo crea, sino es porque Él lo reveló, al menos por las obras que Él realizó.

Al igual que Felipe, Tomás creyó que Jesús era el Hijo de Dios, pero cuando llegó el momento de aceptar el misterio de la Resurrección, un misterio que no era irracional, sino que estaba por encima de su razón, se resistió y se negó a creer.

Tomás no podía aceptar un misterio que era razonable, pero inexplicable. Finalmente, creyó después de que Jesús se manifestara a los Apóstoles.

Fue entonces cuando Jesús dijo que todos los que creyeran y no hubieran visto, serían bendecidos.

Ahora puedo ver por qué necesito el Don del Entendimiento para fortalecer mi fe. Hay un punto entre la razón y el misterio que debo aceptar y superar. Sus revelaciones deben ser absorbidas de alguna manera dentro de mí y no permanecer ajenas a mi vida cotidiana y a mi vida.

Jesús me ha pedido que permanezca en Él (Juan 15:4) y el Espíritu me da el Entendimiento para cumplir con esta misteriosa petición, mediante la conciencia de que todo lo que hago es con Él, y para Él.

Jesús fue siempre consciente de la Presencia de Su Padre, alrededor de Él, dentro de Él, y en todas Sus obras.

Yo seguiré Sus Pasos.

... a través del Espíritu Santo:

Debo pedirle al Espíritu Santo que aumente, cada día, mi Don del Entendimiento. Necesito esta ayuda especial cuando leo las Escrituras y trato de comprender el significado de las palabras que yo leo.

Cuando el Don del Consejo me hace recordar la vida y las enseñanzas de Jesús para aplicarlas a mi vida diaria, afecta a mi vida exterior, es decir, mi trato con el prójimo.

El Don del Entendimiento me eleva un peldaño más y me permite entrar en el misterio mismo de Dios, y empiezo a ver, aunque sea tenuemente, cómo Él vive en mí y yo en Él, y esto afecta mi vida interior con Dios.

Debo leer la Escritura con frecuencia y meditar sobre estos misterios que afectan a esta vida interior. La Trinidad, la Encarnación, la Crucifixión, la Resurrección y Pentecostés afectan a mi vida personal con Dios y, en última instancia, afectan a la vida de mi prójimo por las buenas obras que resultan de esta unión con Dios.

Esto también dará fruto en mi vida de oración. Cuanto más penetre en estos maravillosos misterios, más fácil me resultará la comunión con Dios. Mi oración será más sencilla, tranquila y amorosa. Será una aceptación total de Jesús como Señor de mi vida y Director de mi alma.

Por el poder de este Don, mi fe será más penetrante. Tendrá la seguridad que proviene del ver lo invisible a través de la luz derramada en mi alma por el Espíritu Santo.

"Espíritu Santo, aumenta en mi alma el Don del Entendimiento, para que yo pueda vivir en la luz brillante de la Fe, y ser transformado en Jesús".

ESCRITURA

"Que el Dios de Cristo Jesús nuestro Señor, el Padre que está en la gloria, se les manifieste dándoles espíritu de sabiduría y de revelación para que lo puedan conocer. Que les ilumine la mirada interior, para apreciar la esperanza a la que han sido llamados por Dios, la herencia tan grande y gloriosa que reserva Dios a sus santos, y la fuerza incomparable con que actúa en favor de los que creemos,...". (Efesios 1:17-19)

"Que él se digne, según la riqueza de su gloria, fortalecer en ustedes, por su Espíritu, al hombre interior. Que Cristo habite en sus corazones por la fe, que estén arraigados y edificados en el amor. Que sean capaces de comprender, con todos los creyentes, cuán ancho, y cuán largo, y alto y profundo es, en una palabra, que conozcan este amor de Cristo que supera todo conocimiento. En fin, que queden colmados hasta recibir toda la plenitud de Dios". (Efesios 3:16-19)

"Por eso, tampoco nosotros hemos cesado de rezar por ustedes desde el día en que recibimos esas noticias, y pedimos a Dios que alcancen el pleno conocimiento de Su Voluntad,…"(Colosenses 1:9)

"Pido que tengan ánimo, que se afiancen en el amor y que tengan plenamente desarrollados los dones de entendimiento, para que puedan penetrar en el gran secreto de Dios, que es Cristo. En él están escondidas todas las riquezas de la sabiduría y del entendimiento." (Colosenses 2:2-3)

Espíritu de Sabiduría

- ✐ Ama como Jesús ama
- ✐ Abraza todos los Dones
- ✐ Conocimiento Experimental de Su Presencia

Se habla mucho de la Sabiduría, y a menudo se la considera una ayuda en los momentos de decisión.

Es más que eso. Cuando el Don del Consejo me da la capacidad de distinguir los espíritus, y lo correcto de lo incorrecto, a través del discernimiento, la Sabiduría me lleva un paso más allá y me permite ver todo como es a la luz de Dios.

Veo con Sus Ojos y entro en cada situación con gran afecto y bondad.

La Sabiduría es el toque final de la obra maestra del Espíritu. Reúne todos los dones y los une con el amor.

Es el Don unificador que pone a mi complicado ser en un camino simple y directo hacia Dios.

Donde el Conocimiento ve lo único necesario, y el Entendimiento penetra el misterio dentro del misterio, la Sabiduría corta como una espada de dos filos y va directamente a Dios; ve a Dios en todo y en todos sin el doloroso esfuerzo que a menudo se requiere en las primeras etapas de mi crecimiento espiritual.

La Sabiduría me da la capacidad de estar en paz en medio de la confusión, porque me permite ver el plan de Dios en cada detalle y aceptarlo todo con amor.

Es un Don que hace brotar de lo más profundo de mi alma un anhelo y una sed de Dios que sólo Él puede satisfacer.

Llega desde mi ser hasta el mismo corazón de Dios, y desea una especie de unión con su Amado que ningún obstáculo puede impedir.

Está dispuesta a dar y a no contar el costo, a amar hasta la muerte, a vivir y sufrir antes que morir, y a considerar todas las cosas como pérdida con tal de poseer el objeto de su amor: Dios.

Hay momentos en los que la Sabiduría llena mi alma de profundos consuelos: la conciencia de una Presencia que sólo el Silencio puede describir o comprender; un momento en el que Dios me mira y yo le miro a Él: no pasan palabras por mis labios, sino sólo una sensación de Presencia: la Suya y la mía.

Pero hay otros momentos en los que el sentido de la Presencia desaparece, y en su lugar está la Presencia del Amor, un Amor generoso, que se contenta con sentarse y mirar con Él.

Esto también es silencioso… silencioso y solitario, pero la Sabiduría viene en mi ayuda con el silencio de la fe y la humildad. Sabe que mi paz no depende de los sentimientos, sino de la comprensión del amor personal de Dios por mí: Él me ama porque es Bueno.

La sabiduría me permite subir la montaña sin miedo, con mi mano en la Suya. Miro abajo y a menudo veo las tormentas de la vida que me siguen, pero mi mirada está en lo alto: en Él.

Esa mirada constante, aunque a menudo distraída, es un grito del corazón, deseando las alturas, cayendo en el camino, cansado de la travesía, pero lanzándose indefectiblemente hacia adelante, donde todo está tranquilo y sereno.

Sabiduría es:

- Guardar los Mandamientos porque amo al Padre
- Amar al prójimo porque es mi hermano
- Distinguir el bien del mal porque discierno Su Espíritu
- Tener la fuerza para soportar porque sé que Él lo hizo antes que yo
- Conocer la única cosa necesaria en esta vida y juzgar todo a esa luz
- Penetrar en los misterios de Dios con el tipo de fe que mueve la montaña de la duda
- Ver los designios de Dios en mi vida y contentarme con el patrón que forman
- Estar tranquilo en medio de la confusión porque veo que Su Providencia guía mi camino
- Estar lleno de gozo cuando se me considere nada, porque vivo según Su Palabra
- Estar dispuesto a sacrificar por amor a Dios y al prójimo

   ➤ Considerar todas las cosas como nada mientras yo lo posea a Él

Sí, la Sabiduría abarca todos los Dones y todas las virtudes; los une con la paz, y los envuelve a todos en el amor.

Este es el mayor de todos los Dones, porque me permite revestirme de la mente de Cristo, y entonces Él ve con mis ojos, oye con mis oídos y habla con mi voz: Él y yo nos hacemos uno, y juntos damos mucho fruto, porque la Sabiduría trae

   ➤ Paciencia en el sufrimiento

   ➤ Paz en la confusión

   ➤ Alegría en la angustia

   ➤ Amor en la aridez

   ➤ Autocontrol en la tentación

   ➤ Perdón en las heridas

   ➤ Bondad en el servicio

   ➤ Compasión en la enfermedad

   ➤ Resignación en la muerte

"Oh, Dios, haz que Tu Espíritu me dé la Sabiduría que viene de Tí, la Sabiduría que abarca todas las cosas porque se alimenta del amor, un amor como el Tuyo: desinteresado,

*profundo, que lo abarca todo y que no tiene fin. Deseo estar
lleno de Sabiduría, rebosante de amor, y envuelto en la
tranquilidad del orden, que es la Paz".*

LA ESCRITURA

"¡Qué profunda es la riqueza, la sabiduría y la ciencia
de Dios! ¿Cómo indagar sus decisiones o reconocer sus
caminos? ¿Quién entró jamás en los pensamientos del
Señor? ¿A quién llamó para que fuera su consejero?
¿Quién le dio primero para que Dios tenga que devolvér-
selo?". (Romanos 11: 33-35)

"Nosotros proclamamos a un Mesías crucificado: para los
judíos ¡Qué escándalo! Y para los griegos ¡Qué locura!
Pero para los que Dios ha llamado, judíos o griegos, este
Mesías es fuerza de Dios y Sabiduría de Dios. Pues las
locuras de Dios tienen más sabiduría que los hombres,
y la debilidad de Dios es más fuerte que los hombres".
(1 Corintios 1:23-25)

"........Nosotros somos el Templo del Dios vivo...."2
Corintios 6:16)

Ahora entiendo cómo operan los Dones en mi vida diaria. Puedo ver cómo uno me advierte del peligro, otro me hace amable; otro me da luz.

Algunos me ponen en marcha y otros me guían.

- ↝ Tanto el Temor del Señor como el Conocimiento aumentan mi Esperanza. El primero me da la esperanza que surge de la seguridad; el segundo, una esperanza arraigada en la alegría.

- ↝ Tanto la Piedad como el Consejo aumentan mi paciencia. La primera me hace paciente por amor; la segunda me hace paciente por compasión misericordiosa.

- ↝ La Fortaleza y el Entendimiento aumentan mi fe. La primera me da el valor para estar junto a Jesús; la segunda me da la luz para ver a Jesús.

- ↝ La Sabiduría los envuelve a todos, porque me hace uno con Jesús.

Letanía de los Siete Dones

Cuando me enfrente a la tentación y mis fuerzas empiecen a fallar…
Respuesta: *"Espíritu de Temor y Reverencia, dame la fuerza para no profanar Tu templo".*

Cuando las faltas y debilidades de mi prójimo son más de lo que puedo soportar...
> Respuesta: "Espíritu de Piedad, dame amor y paciencia para aceptar todas las cosas".

Cuando la cruz que tengo es más de lo que puedo soportar...
> Respuesta: "Espíritu de Fortaleza, dame valor y perseverancia".

Cuando tengo dudas sobre el camino a seguir ...
> Respuesta: "Espíritu de Consejo, dame discernimiento y autoconocimiento".

Cuando pongo demasiada confianza en las cosas que pasan ...
> Respuesta: "Espíritu del Conocimiento, dame la comprensión de la única cosa necesaria".

Cuando las limitaciones de mi mente finita me hacen dudar de Tus revelaciones ...
> Respuesta: "Espíritu del Entendimiento, dame luz para penetrar el misterio dentro del Misterio".

Cuando Tu Presencia parece tan lejana y todo es oscuridad ...
> Respuesta: "Espíritu de Sabiduría, déjame sentir Sus Brazos alrededor mío".

ORACIÓN:

"Señor Dios, Te agradezco por Tu Espíritu, cuyos Dones me transforman en Jesús. Trae a mi mente el Don particular que necesito en las diversas circunstancias de la vida, para que yo pueda utilizar estas herramientas espirituales de la mejor manera".

"….El templo de Dios es Sagrado, y ese templo son ustedes.." (1 Corintios 3:17).

Mi Encuentro con Jesús a través del Espíritu Santo

Confirmado

¿Cómo puedo comprender el amor que Dios me tiene? ¿No bastó con hacerme hijo en el Bautismo? En el momento en que la Santísima Trinidad se instaló en mí, el Espíritu Santo imprimió en mi alma una señal indeleble, un sello que se estampó en mí para el tiempo y la eternidad, en el cielo o en el infierno. Nadie puede borrarlo ni quitarlo. Soy un hijo adoptivo de Dios con derecho a llamarle Padre, y ahora Su amor me acerca a su corazón, a una unión que va más allá de mis sueños más descabellados; otro sello se imprime en mi alma: soy un embajador de Dios en el mundo, un defensor en su ejército de fieles seguidores, un profeta que difunde la Buena Nueva, un miembro de una familia sacerdotal.

No tengo que envidiar a los Apóstoles su Pentecostés, porque la Confirmación es mi propio Pentecostés personal. El Espíritu ha venido a mí de manera especial, con diversos dones y gracias que me permiten imitar a Jesús.

En la Encarnación, la Naturaleza Divina y la naturaleza humana se convirtieron en una sola, Unión hipostática, Dios, Hombre, el Verbo hecho Carne. Mi contrapartida fue el Bautismo, en el que mi naturaleza humana fue elevada a la dignidad de hijo de Dios: una participación en la Naturaleza Divina. Cuando Jesús se detuvo en el Jordán para ser bautizado por Juan, el Espíritu bajó sobre Él. Fue ungido por el Espíritu como Redentor y Salvador. Aceptó su misión como el "Siervo de Dios" profetizado en el Antiguo Testamento. "Tú eres Mi Hijo, el Amado", dijo el Padre, "Mi favor descansa sobre Tí" (Lucas 3: 22). Ahora, el Padre me ha dicho lo mismo. Su Espíritu ha ungido mi alma, y estoy llamado a compartir la obra redentora de Jesús dando testimonio a mi prójimo, rezando y trabajando por su salvación, y dándole la esperanza de cosas mayores por venir.

El sello de la Confirmación ha hecho pública mi misión, como se hizo pública la misión de Jesús en el Jordán. Desde ese momento, Su dignidad de Hijo de Dios, Rey, Sacerdote, Redentor y Salvador ya no estaba oculta. Estaba a la vista de todos los hombres. Este mismo Espíritu me ha sido dado, para que, como Jesús, pueda salir a difundir la Buena Nueva de su Amor y, a través de ese amor, cambiar el mundo. "Oh Espíritu, desbórdate en mi alma y toca a todos los que yo encuentre. Deja que todos los hombres vean Tu unción especial en mi alma. Llename de aquellas gracias que me permitan estar siempre llena y guiada por Tus inspiraciones. Haz que acepte y cumpla mi misión en la vida con un corazón humilde. Entonces, un día, cuando Tu amor me llame de nuevo y otorgues a mi alma la Luz de la Gloria, haz que el Padre me diga, como a Jesús: "Este es Mi Hijo amado".

Consagrado

San Pedro dijo a los Cristianos Bautizados y Confirmados de su tiempo que eran "una raza elegida, un reino de sacerdotes, una nación consagrada, un pueblo que Dios hizo suyo para proclamar sus maravillas…."1 Pedro 2:9).

Yo he sido elegido por Dios para ofrecer el sacrificio al Padre por los pecados de la humanidad. Él me ha elegido para proclamar al mundo el poder de Su Hijo Jesús, mediante el testimonio de una vida santa. No es un becerro o un toro lo que Él pide, sino mi propio ser: una transformación de mi vida, una búsqueda celosa y creciente de la santidad.

Cuando el sacerdote pronuncia las palabras sagradas de consagración sobre el pan y el vino, dice: "Esto es Mi Cuerpo". Yo también ofrezco ese Cuerpo Sagrado al Padre. El sacerdote ejerce su poder haciendo descender a Jesús, y yo ejerzo mi poder sacerdotal recibiendo ese Cuerpo en mi cuerpo como propio. Jesús y yo nos convertimos en un solo cuerpo, y el Padre acepta nuestro sacrificio conjunto. La confirmación consagra todo mi ser a la gloria del Padre. El Padre no ve más que un solo Cuerpo, con Jesús como cabeza. Ve a su Hijo continuando Su Sacrificio en todos los miembros de este Cuerpo. Ve al Espíritu trabajando incesantemente, inspirando, moldeando, cambiando y ofreciendo estos miembros como un sacrificio agradable. Comparto el sacerdocio de Jesús, y tengo derecho a asistir a cada función Litúrgica. El Padre ve mis oraciones con amor y atención. Él escucha todas mis peticiones por el bien de mi prójimo. Desea que yo rece por el mundo y le obtenga misericordia, perdón, esperanza y amor.

Es parte de mi oficio sacerdotal ofrecer a Jesús al Padre, alabarlo por Su Gloria, agradecerle Su Bondad y hacer reparación por los pecados del mundo.

El Padre espera que yo levante mis brazos en constante súplica, como lo hizo Su siervo Moisés por el pueblo elegido.

Al igual que la tribu de Leví en el Antiguo Testamento fue apartada, yo también he sido apartado como alguien a quien Dios ha dado el poder de ofrecer a Su Hijo e interceder por la humanidad.

Es una gran dignidad que Su amor me ha dado. Mi participación en las funciones litúrgicas es más que una obligación, es un privilegio, un nombramiento, un momento para cumplir mi deber sacerdotal en unión con el sacerdote ordenado en su función ministerial.

Confieso al mundo en cada Misa que soy un hijo de Dios renacido. Expreso mi amor por el mundo ofreciendo a Jesús para su salvación. Manifiesto mi amor por el mundo ofreciéndome en unión con Jesús para obtener la misericordia y el perdón para mi hermano descarriado.

"Nos presentamos, pues, como embajadores de Cristo, como si Dios mismo les exhortara por nuestra boca. En nombre de Cristo les rogamos: Reconcíliense con Dios!" (2 Corintios 5:20).

Comprometidos

"Les digo, pues, y con insistencia les advierto en el Señor que no imiten a los paganos,...", "Se les pidió despojarse del hombre viejo al que sus pasiones van destruyendo, pues así era la vida que llevaban, y renovarse por el espíritu desde dentro. Revístanse, pues, del hombre nuevo, el hombre según Dios que él crea en la verdadera justicia y santidad". (Efesios 4: 17,22-24). He sido llamado por Dios a ser "santo como Él es santo" (vea 1 Pedro 1, 16). No puedo tratar esto a la ligera. Mi vida debe estar en un proceso contínuo de cambio y debo estar totalmente comprometido con el estilo de vida cristiano.

El Sacramento de la Confirmación me ha dado el derecho de recibir de Dios la gracia que necesito en cada momento. Él nunca me negará esa gracia. Tengo la esperanza segura de que Su Fuerza me acompañará en la tentación, Su Sabiduría cuando tome decisiones, Su Alegría para alejarme de la desesperación y Su Providencia para librarme de las preocupaciones.

Su Espíritu me ha dado siete Dones, que me permiten estar a la altura de cualquier ocasión, superar cualquier obstáculo, soportar cualquier prueba. El Temor del Señor me da una relación infantil con Dios. Puedo llamarlo mi Padre. La piedad me permite mirar al prójimo como un hermano, porque compartimos el mismo Padre.

La Fortaleza me da el valor para soportar el sufrimiento y la persecución por Su causa. El consejo ilumina mi mente para discernir las inspiraciones que provienen del Espíritu Santo, del Enemigo o de mi propio egoísmo.

Él me da Conocimiento para que yo pueda ver a través de la locura de las cosas pasajeras y mantener mis ojos en la realidad invisible. Para alimentar mi alma con Su palabra, Él me da Entendimiento para que yo pueda orar sin cesar y confiar sin dudas. Luego, como para sellar todos estos dones para que no se pierdan, Él me da la Sabiduría, esa conciencia siempre creciente de Su Presencia dentro de mí y a mi alrededor.

Con todos estos dones y su constante atención, ¿Cómo puedo seguir viviendo una vida tibia o negarme a cambiar? Él sólo me pide que yo reciba estos dones y los utilice para ser santo. Estoy constantemente expuesto a Su luz. ¿Por qué insisto en vivir en la oscuridad? Él me ha llamado a grandes cosas. ¿Por qué me empeño en cosas insignificantes? He sido elegido entre miles, sí, incluso millones, para ser un faro en la noche, una luz en la cima de la montaña para que otros encuentren su camino.

Ser cristiano es tener una vocación especial. Pablo dijo a los primeros Cristianos: "Sean humildes y amables, sean comprensivos y sopórtense unos a otros con amor. Mantengan entre ustedes lazos de paz y permanezcan unidos en el mismo Espíritu: un solo cuerpo y un mismo espíritu,…."(Efesios 4:1-4).

Mis pensamientos, opiniones, objetivos y deseos deben irradiar el Espíritu de Jesús. Debo velar por mis sentidos y mantener siempre Su voluntad ante mí para que pueda "fortalézcanse en el Señor con Su energía y Su fuerza" (Efesios 6: 10).

Preocupación

"Por tanto, si hay alguna consolación en Cristo… Entonces, colmen mi alegría poniéndose de acuerdo, estando unidos en el amor, con una misma alma y un mismo proyecto…….. No hagan nada por rivalidad o vanagloria. Que cada uno tenga la humildad de creer que los otros son mejores que él mismo. No busque nadie sus propios intereses, sino más bien preocúpese cada uno por los demás. Tengan unos con otros los mismos sentimientos que estuvieron en Cristo Jesús" (Filipenses 2:1-5).

Mi Confirmación me ha convertido en un profeta del Señor, pues un profeta es aquel que, con la palabra y el ejemplo, manifiesta el amor que Dios tiene por su pueblo. La vida de un profeta es un signo externo del Evangelio de Jesús, y por eso San Pablo dice a todos los Cristianos: "…Permanezcan firmes en un mismo espíritu y luchen con un solo corazón por la fe del Evangelio…"(Filipenses 1:27.)

Debo tener una profunda preocupación por mi prójimo, porque el amor de Jesús en mi corazón no puede ocultarse. El amor es una fuerza que debe salir y servir como sirvió el Maestro. Fue el amor lo que Lo llevó a trabajar y sufrir por la humanidad, y ese mismo amor debería inspirarme a tener una preocupación fraternal por mi prójimo. Hay muchos necesitados a los que no puedo llegar, pero nunca debo olvidar que mis oraciones benefician a cada miembro de la raza humana.

Debo dar mi amor a cada persona que se cruza en mi camino. Si tiene necesidades materiales, debo ayudar de todas las maneras posibles, sin olvidar nunca que todo lo que poseo es un don de Dios que debo compartir con mi prójimo. Los enfermos, los ancianos, los solitarios y los indigentes deben ser los destinatarios especiales de mi amor y cuidado, porque Jesús sufre en ellos.

Dios me ha apartado como Su "raza elegida, su santa" (véase Colosenses 3: 12). Él me ama, y mi corazón debe estar lleno de "compasión sincera, con bondad y humildad, mansedumbre y paciencia".

Mi Madre, la Iglesia, debe ocupar un lugar especial en mi amor y mi oración, porque me perdona cuando peco, me unge cuando estoy enfermo y alimenta mi alma con el Cuerpo y la Sangre de Cristo. Sus ministros merecen mi lealtad y apoyo, porque formamos un solo Cuerpo. Debo sostenerlos siempre en mis oraciones y ayudarlos en su tarea de pastores. San Pablo me dice que "Hermanos, les rogamos que se muestren agradecidos con los que trabajan para ustedes, los dirigen en el Señor y los corrigen. Ténganles mucho aprecio y cariño por lo que hacen. Y vivan en paz entre ustedes" (1 Tesalonicenses 5: 12-13).

Debo esforzarme por ser "pobre de espíritu" para que mi prójimo nunca se sienta inferior en mi presencia, amable para que nunca se sienta reprimido, comprensivo para que sepa que yo comparto su dolor, misericordioso para que nunca sienta que soy mejor que él, puro de corazón para que se sienta amado por su propio bien, apacible para que se calme en su confusión, esperanzado cuando esté desanimado, fiel en su momento de necesidad, y cariñoso sin importar lo poco amable que sea ese prójimo en ese momento.

He sido llamado por Dios para hacer grandes cosas, la primera de las cuales es ser santo, y la segunda ayudar a mi prójimo en su búsqueda de la santidad. Si fallo en esto, todo lo demás está perdido, pues "...aunque repartiera todo lo que poseo e incluso sacrificara mi cuerpo, pero gloriarme, si no tengo amor, de nada me sirve" (1 Corintios 13: 3).

ORACIÓN

"Espíritu Santo, me pongo bajo Tu guía. Deseo irradiar el amor de Jesús a mi prójimo. No conozco las alegrías ni las penas que me esperan, pero sé que Tú templarás las alegrías para que no descanse en ellas y aligerarás mis cargas para que yo nunca caiga bajo ellas. Dame la gracia de ver a Jesús en mi prójimo y la providencia amorosa del Padre en mi vida diaria. Permíteme pensar en el prójimo antes que en mí mismo y ser siempre fiel a la Santa Madre

Iglesia. No me permitas nunca borrar el Sello que has puesto sobre mí".

Renovación de la Confirmación

"Padre Eterno, todas las cosas están presentes para Tí, y por eso te pido que renueves todas las gracias y los dones que me concediste el día de mi Confirmación. Haz que Tu Espíritu renueve en mi corazón mi función sacerdotal en la Iglesia para ofrecer a Jesús como un sacrificio agradable, mi función profética para ser un faro de luz para el mundo, mi función de intercesión para pedir misericordia, mi función misionera para difundir la Buena Noticia. Imprime profundamente, cada vez más, ese sello indeleble que me marca como hijo de Dios. Dame un aumento de los Siete Dones y permíteme llevar todos los frutos de Tu Espíritu. Me comprometo a trabajar por Tu honor y gloria y por la salvación de mi prójimo".

"Cuando el Enemigo me tienta, el mundo me seduce y mi propio egoísmo se apodera de mi voluntad, suscita en mi alma ese acto de humildad tan necesario para ver la gracia del momento. Mantén siempre fresca en mi mente, mi dignidad como templo de Tu Espíritu, y no permitas nunca que yo pierda esa sensación de asombro impresionante cuando pienso en Tu Bondad y Tu Amor. No permitas que la persecución me desanime ni que mis propias debilidades me desanimen, sino que renueva en mí un crecimiento constante de los frutos de tu Espíritu que me fueron dados en abundancia el día de mi Confirmación. Prometo, Señor Padre, escuchar a Tu Espíritu mientras ejercita mi alma en el desarrollo de Sus Dones y Frutos. Lléname a rebosar con un aumento de Fe, Esperanza y Amor para que mi alma nunca deje de dar el amor de Jesús a los demás".

INVOCACIÓN

"Espíritu de Dios, hazme paciente, valiente, alegre, confiado y lleno de amor".

"Espíritu de Jesús, hazme Humilde, Gentil, Abnegado, Obediente y lleno de Fe".

"Espíritu del Padre, hazme compasivo, misericordioso, amable, productivo y lleno de esperanza".

ESCRITURA

"¿No saben que su cuerpo es templo del Espíritu Santo que han recibido de Dios? Ya no se pertenecen a sí mismos. Ustedes han sido comprados a un precio muy alto;

procuren, pues, que sus cuerpos sirvan a la gloria de Dios". (1 Corintios 6: 19-20).

"Todos llevamos los reflejos de la gloria del Señor sobre nuestro rostro descubierto, cada día con mayor resplandor, y nos vamos transformando en imagen suya, pues El es el Señor del Espíritu". (2 Corintios 3:18).

"Por eso, tampoco nosotros hemos cesado de rezar por ustedes desde el día en que recibimos esas noticias, y pedimos a Dios que alcancen el pleno conocimiento de Su Voluntad mediante dones de sabiduría y entendimiento espiritual. Que lleven una vida digna del Señor y de Su total agrado, produciendo frutos en toda clase de buenas obras y creciendo en el conocimiento de Dios". (Colosenses 1: 9-10).

"Dios es el que nos da fuerza, a nosotros y a ustedes, para Cristo; Él nos ha ungido y nos ha marcado con Su propio sello al depositar en nosotros los primeros dones del Espíritu". (2 Corintios 1:21-22).

"No salga de sus bocas ni una palabra mala, sino la palabra justa y oportuna que hace bien a quien la escucha...

No entristezcan al Espíritu santo de Dios; éste es el Sello con el que ustedes fueron marcados y por el que serán reconocidos en el día de la salvación". (Efesios 4: 29-30).

La Misa y la Eucaristía

La Misa en Mi Vida

"Jesús mío, en algún lugar del mundo Tu pueblo está celebrando la Eucaristía. Mi corazón se siente frío e indiferente, y me pregunto por qué moriste por mí. ¿No fue suficiente crearme para mostrarme Tu amor?"

"La Misa proclama Tu muerte al mundo. El mundo ha olvidado Tu sacrificio; yo también, en mi tibieza, doy por sentado Tu sacrificio. Esta es una celebración, un recuerdo del amor que me tienes y de lo horrible que es el pecado. El mundo considera el pecado como una ofensa menor, una debilidad involuntaria que es completamente personal. ¿Cómo puedo mirarte en Tu Pasión y pensar por un momento que mis pecados no son nada? Fue necesario el Sacrificio del Hijo de Dios para expiar mis pecados: privan a la sociedad de la bondad y me roban la gracia".

"Oh Dios, perdona mis pecados, pero sobre todo perdóname por ser tan tibio, tan negligente, tan endurecido a Tu amor. Es mi culpa, oh, Dios, mis graves faltas que Te clavaron en la Cruz".

"Prepara mi corazón para caminar contigo en Tu sacrificio y permíteme unir los sacrificios de mi vida diaria con los Tuyos. Uno mi vida entera con la vida que Tú viviste en la tierra. Deseo que mi existencia de cada momento se ajuste a Tus perfecciones".

"Abre mis oídos para entender Tu Palabra, tal como se proclama en todo el mundo. Tu Palabra es como una semilla, y mi alma es el terreno en el que cae esa semilla. No permitas que las malas hierbas de este mundo ahoguen la semilla e impidan que eche raíces. Que mi alma sea como la tierra reseca que absorbe el agua viva y alimenta la semilla".

"Jesús mío, me gusta imaginarte mientras hablas a las multitudes. Me gusta pensar que mi corazón se habría inflamado de amor al escuchar Tu Palabra. Qué lleno de poder estabas cuando hablabas del Padre! Cada palabra habría sido tan diferente, tan suave y tan amorosa. Espero haber seguido Tus consejos y haberlos aplicado a mi vida".

"¿Por qué me deleito en vanos deseos cuando puedo aplicar las palabras que leo en la Escritura y las que pronuncia Tu sacerdote con tanto fervor ahora como lo habría hecho entonces? Todas las cosas son presentes para Ti, Señor. No hay pasado ni futuro; todas las cosas, cada momento del tiempo, desde su principio hasta su final, están presentes para Ti. Siendo esto cierto, permíteme unirme a cada Misa que se celebra en este momento, y permíteme atravesar cada momento de Tu vida contigo. Haz que Tus palabras y Tu vida penetren en mi cuerpo y en mi alma y me hagan semejante a Ti".

"Querido Jesús, cada vez que veo a Tu sacerdote poner vino y agua en el cáliz, pienso en cómo el vino de Tu Divinidad se unió al agua de nuestra humanidad en Tu Encarnación. Yo uno el agua de mis imperfecciones, pecados y debilidades al vino de Tus infinitas perfecciones. Cámbiame como Tú cambiarás esta agua y este vino: transfórmame en una imagen clara y perfecta de todas Tus perfecciones. Permite que el pan de mi naturaleza humana sea ofrecido con este pan en el altar, y por el poder de Tu Espíritu, di las palabras de consuelo, fuerza y poder que necesito para vencerme a mí mismo, al mundo y al Enemigo".

Pongo en la patena a todos mis seres queridos, a mis vecinos, a los pobres pecadores y a toda la humanidad. Te entrego a las personas que has elegido, a los sacerdotes que pronuncian Tu Palabra, a la Iglesia que has desposado contigo, y Te pido que derrames sobre todos ellos la gracia y la santidad.

¿No te recuerdan estos objetos comunes de pan y vino la nada de la que nos sacaste a todos? Pero ahora, pronto, Tu poder realizará un milagro aún mayor. No está más allá de mi comprensión el hecho de que Dios haya creado todo de la nada, pero que ese mismo Dios tome cosas tan simples como el pan y el vino y las transforme en Él mismo es un misterio, un amor que asombra a la imaginación y hace que los mismos ángeles se queden maravillados.

"¿Me atrevo a ofrecer mi óbolo y escaso amor, mi pequeña chispa, a esa llama? Dios mío, ¡Sería mi chispa más brillante en este momento si perdonara a mi hermano? ¡Entonces, perdono! ¿Y si superara alguna falta? ¡Entonces, la superaré! ¿Y si fuera más compasivo con los débiles, generoso con los pobres, considerado con los ancianos y paciente con los jóvenes? Entonces, querido Dios, ¡Hoy seré todas estas cosas!"

"Dios Padre, Tus divinas perfecciones estremecen mi alma. Tú eres el Señor; Tú eres la Bondad misma. Toda la creación manifiesta Tu poder, Tu sabiduría y Tu amor. "Tú me conoces totalmente". "Desde el vientre de mi madre me elegiste para conocerte y amarte". Dondequiera que yo vaya, Tú estás ahí; no hay ningún escondite secreto al que pueda huir. Mis pensamientos son conocidos por Ti antes que por mí. Te preocupas por mí más que una madre por su hijo. Me cuidas con mayor esmero que un padre a su familia. Tu alegría se desborda cuando me acerco a Ti con amor; Tu amor me persigue, me persigue, cuando me alejo de Tus Brazos. Tú eres glorioso, y yo sólo grito en alegre canto que sólo Tú eres Santo, Santo, Santo, Señor, Dios, Todopoderoso".

"Señor Jesús, Tu Esposa, la Iglesia, está en gran necesidad, y Te la ofrezco y Te pido que des a sus hijos la fuerza para mantenerse firmes frente a las sutiles persecuciones que vienen del mundo. Dale el celo para anunciar la Buena Nueva a todos los hombres, la humildad para confiar en Tu guía a través de nuestro Santo Padre. Da a los fieles la gracia de ver Tu autoridad detrás de las enseñanzas de Tu Iglesia, la confianza para descansar seguros incluso cuando la Barca de Pedro es sacudida de un lado a otro en un mar tormentoso Guía a todos los Obispos y Sacerdotes para que vivan en Tu Espíritu e irradien Tu vida en la tierra".

"Renueva en todos nosotros un gran amor a María, nuestra Madre, y deja que su ejemplo de Fe, Esperanza y Amor nos impulse a grandes cosas. Ella Te dio a luz, en el silencio de la noche, escuchó Tus enseñanzas y las meditó en su corazón. Estuvo bajo Tu Cruz y Te vio morir lentamente por amor a mí y luego permaneció con la Iglesia Infantil hasta que esta nueva Esposa estuvo lista para seguir a Su Esposo sin miedo. Sus brazos estaban entonces, como lo están ahora, siempre extendidos en ardiente súplica por Tu pueblo. Escucha sus súplicas y las de Tus santos en nuestro favor".

"Debo mirar a estos valientes héroes y seguir su ejemplo. Ellos también tenían debilidades, pecados y faltas, y sin embargo se atrevieron a escalar la montaña de la santidad. Mantuvieron sus ojos en Tí, Señor Jesús, y no en ellos mismos. La santidad me parece tan lejana. Ciertamente, Tú moriste por mí como lo hiciste por ellos. Tú mereciste la santidad por mí como lo hiciste por ellos".

"Sí, Jesús mío, yo también estoy llamado a las alturas. No me permitas vivir en las profundidades. Tu mano derecha está siempre extendida y me hace señas para que suba más alto, más cerca del Padre, por encima de las cosas pasajeras de esta vida. Sin embargo, vivo en un mundo material donde hay necesidad de trabajar, comer, beber y dormir; donde mi prójimo está necesitado, y la sociedad corre siempre tras las baratijas que brillan, y el orgullo envuelve mi alma como un peso muerto. Pero los hombres y mujeres cuya memoria conmemoro en el calendario de los santos tuvieron todos mis problemas y muchos más. Lo que no tenían eran mis excusas a medida, mis devociones tibias y mi fervor medido".

"Tu muerte y su proclamación en cada Misa es suficiente por sí sola para hacerme santo si mi fe fuera más viva, mi esperanza más alegre y mi amor más ardiente".

"Jesús mío, ojalá hubiera estado en el Cenáculo la noche antes de que sufrieras por la redención de los que tanto amaste. Una vez más, tengo deseos vanos, porque ¿No estoy realmente presente en la Última Cena en cada Misa? Mi fe es débil y mi amor tibio. Sí, estoy allí: ese momento de asombro en el que Tus Apóstoles comprendieron Tu anterior revelación de Tu Cuerpo y Sangre como alimento, es totalmente mío en cada Misa. Puedo ofrecer a Dios en reparación de mis pecados. Puedo recibir a Dios en mi alma para que Su Preciosa Sangre, derramada por mí, comience a recorrer su camino en mi corazón".

"Puedo ver Tu Rostro en la Última Cena, Señor Jesús, cuando miraste al cielo al Padre que Te envió y le diste gracias y alabanzas. Me gustaría tener el valor de alabar al Padre antes de cada sacrificio que Su Sabiduría me pide. Dame esa consagración total a la Voluntad del Padre, esa unión con el Amor del Padre".

"¿Acaso los Apóstoles se asombraron al oírte decir: "Tomad todos esto y comed: esto es mi Cuerpo que será entregado por vosotros?".

"Yo miro la Hostia siempre que estoy en la Misa, sin palabras y asombrada por tanta humildad. Mi vida está tan llena de mí, tan llena de orgullo, tan llena de la necesidad de mantener mi identidad. "Tú estás dispuesto a esconder Tu Gloria y Tu Majestad detrás de esta Hostia, para que yo pueda mirar a mi Dios y no morir. Quieres que me sienta a gusto en Tu Presencia, para hablarte sin el peso de la diferencia de nuestras naturalezas. Oh, Amor que no es amado, ¿Cómo puedo corresponder a Tu amor? Lávame, querido Jesús, límpiame de todo pecado y debilidad. Cúbreme de misericordia y perdón".

"El vino se transforma en Tu Sangre con la misma facilidad con que Tu palabra creó la luz y los planetas, los hombres y los ángeles. Tu Palabra cambia lo creado en lo increado, lo finito en lo infinito". Primero, Dios se hace Hombre, luego Dios cambia el pan y el vino en Su propio Cuerpo y Sangre. Mediante la consagración por separado del pan y del vino, se proclama al mundo la muerte de Jesús. Verdaderamente, estoy en el Calvario en cada Misa porque Él nace, muere, vive y se convierte en mi alimento".

"Cordero de Dios, prepara mi alma para recibir Tu Cuerpo y tu Sangre. La próxima Comunión que tenga el privilegio de recibir debe ser de gran fervor, devoción y acción de gracias. No soy digno de recibirte, pero esa es la misma razón por la que vienes a mi corazón. Has venido a salvar a los pecadores, a curar los corazones rotos, a consolar a los afligidos y a consolar a los solitarios".

"Eres el Médico Divino que viene a curar y perdonar. En Tu generosidad, compartes Tu Naturaleza Divina conmigo, y Tu Sabiduría ha ideado una manera tan sencilla de satisfacer los anhelos de Tu corazón por el amor de Tu hijo indigno".

"Jesús mío, ten piedad de todos aquellos entre mis amigos, familiares y parientes que esperan y son purificados de aquellas imperfecciones que los alejan de Ti. Libéralos de su lugar de purificación y haz que entren en Tu Reino. Si yo estuviera en su lugar ahora, ciertamente desearía haber cambiado mi vida mientras mi voluntad tuviera la oportunidad de elegir. Permíteme cambiar ahora como un día desearía haberlo hecho".

"Concédeme, querido Jesús, que pueda vivir en Tu Presencia, recordar esa Presencia dentro y a mi alrededor y cumplir siempre mis deberes en una actitud de amorosa obediencia a Tu Voluntad".

"Padre Nuestro, Que Estás en Los Cielos: Gracias por darme a Tu Hijo".

"Santificado Sea Tu Nombre: Dame el valor de mantener Tu Nombre en reverencia y no usarlo nunca en vano".

"Venga a Nosotros Tu Reino: Que todos los hombres Te reconozcan como Señor en sus vidas".

"Hágase Tu voluntad Así en La Tierra Como en El Cielo: Dame la gracia de vivir en el momento presente. Permíteme verte, Señor Padre, en todo lo que me sucede, en todos los que se cruzan en mi camino. Haz que mi corazón cante siempre una melodía de unión con Tu Voluntad".

"Danos Hoy Nuestro Pan de Cada Día: Gracias por Jesús en la Eucaristía, por Tu alimento en la Escritura, por Tu Presencia en mi prójimo y en mi alma, y por el pan que alimenta mi cuerpo".

"Perdona Nuestras Ofensas así Como Nosotros Perdonamos a Los Que Nos Ofenden: Oh, Señor, dame un espíritu misericordioso y un corazón que perdone, para que puedas decirme en la muerte: "Te perdono, lo entiendo".

"No Nos Dejes Caer en La Tentación: Dame la gracia de demostrar mi amor por Ti venciendo al mundo, a mí mismo y al Enemigo".

"Y Líbranos del Mal: Protégeme de las astutas y sutiles tentaciones del Enemigo. Deja que Tus ángeles me rodeen con su poder y que San Miguel Arcángel me defienda en mis batallas".

"Señor Espíritu, dame una profunda comprensión de la Presencia Real de Jesús en la Eucaristía. Mi fe es, a menudo, débil y las preocupaciones de esta vida me roban las realidades espirituales. Su humildad en una Hostia diminuta, Su anhelo de unirse a mí en la Sagrada Comunión, se ven a menudo oscurecidos por mi tibieza, mi negligencia y mi preocupación por las cosas del mundo. Lamento mi tibieza y Te pido, Espíritu Santo, que me des una visión de fe para que pueda beneficiarme de este Don de los Dones: la Eucaristía".

Padre celestial, cuando Tu sacerdote levanta la Hostia y dice: "El Cuerpo de Cristo", haz que mi alma se incline en humilde adoración ante el amor y la humildad de Jesús. "Permite que mi corazón sea un lugar de descanso puro para Tu Hijo. Deseo, querido Padre, que la imagen de Jesús se haga más brillante en mi alma después de cada Comunión". En ese tremendo momento Dios y yo somos uno.

"Jesús mío, resplandece en mí para que juntos glorifiquemos al Padre dando fruto en abundancia. Salgamos juntos al mundo e irradiemos Tu amor y Tu bondad. Ten piedad de los pobres pecadores, de los hambrientos, de los pobres, de los enfermos y de los ancianos. Lleva a la humanidad a un conocimiento más profundo de Tu amor por ellos y guíanos a todos en el camino correcto".

"Jesús mío, haz que mi corazón cante de alegría, porque Tú habitas en él. Deja que mi mente se llene de pensamientos celestiales porque Tu Padre desea reinar allí. Deja que mi alma sea guiada por Tu Espíritu porque Él desea santificarla".

Soy hijo de Dios por el Bautismo, y mi semejanza con Él se ha fortalecido por la Santa Comunión. Que nunca olvide mi última Comunión, y que mi corazón anhele la próxima.

En algún lugar, en alguna parte, hay una Misa que se oficia, un Calvario en el que estar presente, una Comunión que recibir, ya sea sacramental o espiritualmente, una oportunidad para parecerse más a Jesús, el privilegio de ayudar a mi prójimo, un momento para decir: "Te doy gracias, Dios", una situación para elegir a Jesús por encima de mí mismo o una oportunidad para hacer un sacrificio.

En verdad, la Misa seguirá y seguirá hasta que un día el Padre diga, como dijo su Hijo una vez, "Todo está cumplido". Sí, el Cordero de Dios reinará triunfante con todos los que han sido lavados en Su Sangre.

Irse y Quedarse al Mismo Tiempo

Un Oasis en el Desierto

Es triste darse cuenta de que, aunque muchos creen que Jesús está presente en el Santísimo Sacramento, rara vez Lo visitan. Los hombres viajan a través de los océanos para ver ruinas antiguas, pinturas, paisajes, celebridades y montañas, pero no piensan en entrar en una simple iglesia a la vuelta de la esquina para visitar al Creador de toda belleza.

El hombre se queja de sus tensiones, preocupaciones y frustraciones y para estas debilidades humanas consume frascos de píldoras y otros remedios. Gasta tiempo y dinero tratando de averiguar quién es y cómo llegó a ser. Se atormenta por su pasado y tiene visiones de grandeza o desesperación para el futuro.

Sus preocupaciones se llaman "preocupación madura" y sus fracasos son sólo el resultado de la falta de cooperación de los demás. Encubre sus faltas y hace alarde de su menor acto de virtud. Son pocos los hombres que se conocen a sí mismos y aún menos los que son capaces de aceptar ese conocimiento con humildad.

Tenemos la necesidad de vaciarnos, conocernos, aceptarnos y elevarnos por encima de nosotros mismos.

Podemos intentar llenar estas necesidades a nivel natural, pero cuando nos vaciamos, sólo encontramos un vacío. Cuando nuestras debilidades nos permiten conocernos a nosotros mismos, nos entristecemos. Cuando nos esforzamos por aceptarnos a nosotros mismos, nuestro amor se convierte en odio a nosotros mismos, y cuando intentamos elevarnos por encima de nuestra naturaleza humana hasta alguna altura sublime de tranquilidad, nos encontramos solos con nada.

No podemos purificarnos. No podemos escapar de la persona que somos. No podemos excusar nuestras debilidades. No podemos dar frutos solos y con nuestra propia fuerza.

Nuestra necesidad no consiste tanto en cambiar lo que somos, como en saber cuál es la mejor manera de cambiar lo que somos. ¿Cómo se convierte la oscuridad en luz? ¿Cómo se convierte el hielo en fuego? ¿Cómo puede una inteligencia limitada comprender el misterio de la vida, la muerte y lo que está por venir?

¿Adónde vamos para que nos llenen, nos sanen, nos perdonen, nos iluminen y nos fortalezcan? ¿Quién va a escuchar nuestras quejas masculladas, nuestros gemidos interiores y nuestras dudas silenciosas?

¿A quién acudiremos cuando nadie escuche o se interese por nuestra historia de dolor? ¿Quién llama a nuestro corazón roto, o nos da la oportunidad de llorar sin vergüenza?

¿Quién espera y aguarda un pensamiento de nuestras mentes desordenadas, un susurro de amor de nuestros corazones mundanos? Si no conocemos la respuesta a estas preguntas, el fuego ha ardido y la Luz ha brillado en vano.

"El que permanece en Mí, y Yo en él, da fruto en abundancia". Estas palabras de Jesús en la Última Cena nos ofrecen un camino de santidad tan sencillo como fácil. La Sagrada Eucaristía es Dios en nosotros y con nosotros: es Dios en nosotros y nosotros en Dios.

Para mantener una estrecha relación con el Dios del Amor, debemos permanecer a menudo en esa Santa Presencia. Como los rayos del sol cambian y alteran lo que tocan, así el Hijo

Eterno, siempre presente en el Santísimo Sacramento, cambia a quién se abandona en Su Presencia.

Debemos admitir nuestras debilidades para que Su poder pueda sanar nuestras heridas. Debemos expresar nuestras dudas para que Su luz pueda disipar nuestra oscuridad. Debemos arrodillarnos en Su Presencia para comunicarle nuestro arrepentimiento.

Debemos ponernos en silencio en Su Presencia, sin pensar en nuestras miserias, absorbiendo tranquilamente la humildad y la dulzura de Jesús en este Sacramento del Amor.

Él está presente en la Eucaristía para mostrarnos la profundidad de Su Amor, hasta dónde llegaría para estar con nosotros, el anhelo de Su Corazón de estar siempre cerca.

No es importante lo que digamos en esa Presencia. Sólo es importante que estemos allí, a menudo, para dejar que esa Presencia penetre en nuestras almas y nos sane, para que ilumine nuestras mentes, para que fortalezca nuestras voluntades, para que traiga paz en medio de la confusión.

Su Presencia en la Eucaristía es silenciosa; nuestra presencia ante Él también puede ser silenciosa. Su Presencia es humilde y sacrificada, y mientras nuestra fe nos hace arrodillarnos ante una pequeña Hostia blanca, encerrada en un tabernáculo, crece en esa humilde aceptación de los misterios de Dios más allá de nuestra comprensión. El tiempo que Le damos exige muchos sacrificios, pero podemos hacerlos porque Él hizo el Sacrificio Supremo.

Sólo Jesús da fruto en nosotros, y así como Lo tomamos en nuestras almas como alimento, así debemos absorber Su luz sentándonos ante Su Presencia: tranquilos en el pensamiento, amorosos en el corazón, confiados en la mente.

Debemos contentarnos con estar cerca de Él, dejar que Él haga maravillas en nuestras almas, absorber silenciosamente la belleza de Su Amor abnegado, dejar que los rayos de Su Luz penetren en lo más íntimo de nuestro ser y cambien nuestros corazones pétreos en corazones de carne, nuestra rudeza en bondad, nuestro temperamento en mansedumbre.

Si tuviéramos la humildad de comprender que sólo Él es la Bondad y sólo Él nos hace buenos. Tan pronto como llegamos a Su Presencia en la Eucaristía, nuestras almas responden al poder que tienen delante, como un girasol que se vuelve hacia el sol.

Antes de que un suspiro pase por nuestros labios, un pensamiento entre nuestras mentes, o una simple palabra sea pronunciada, nuestra alma se ha beneficiado de la Presencia de su Creador. Nuestra santidad es obra Suya, pero no podemos decir que sí a Sus mandatos a menos que Su gracia llene nuestras almas y Su Luz ilumine nuestras mentes.

Si nos sentimos solos, es sólo porque no hemos visitado a nuestro Compañero en este valle de lágrimas. Si tenemos dudas, es sólo porque no nos hemos abandonado a Su luz.

Nuestras debilidades nos acompañarán siempre, pero seremos fuertes al menos por un tiempo, si hemos pasado algún tiempo en Su Presencia Eucarística.

Su Presencia silenciosa, escondida en el Sagrario, nos dice a cada uno de nosotros: "Te amo. Venid a Mí, todos los que estáis fatigados y agobiados, y Os refrescaré. Venid a la fuente de la vida y bebed. Cuéntenme sus problemas. Escuchen Mi Voz. Yo atraigo vuestros corazones, guiando sus caminos y aliviando vuestros senderos".

El amor habla fuerte en el silencio y ese silencio toca nuestras almas. La Voz de Jesús suena en nuestros corazones como la voz de las aguas caudalosas, que limpian los escombros recogidos durante las tormentas de la vida. Nuestras almas resecas, cansadas del camino, encuentran refresco en el agua viva que brota del Sagrario.

Entre el Corazón Eucarístico de Jesús y el alma, hay un intercambio silencioso de amor, un compartir el dolor, un diálogo inaudible entre dos que se conocen perfectamente y se aman profundamente.

Es como si el alma se viera a sí misma en un espejo perfecto y conociera claramente sus defectos e imperfecciones. Se produce un extraño fenómeno cuando el alma mira a Jesús. Su propio reflejo se vuelve más brillante. Sus defectos se desvanecen, y un día esa "alma se transforma en la Imagen Suya" (2 Corintios 3: 18).

Siendo esto cierto, ¿Por qué permitimos que nuestras almas mueran de sed cuando la Fuente de Agua Viva está a la vuelta de la esquina?

¿Por qué vivimos vidas ansiosas y frustradas, cuando la Fuente de la Serenidad espera para derramar Su paz en nuestros Corazones?

¿Es nuestra fe en Su Presencia tan real como Su Presencia es Real, o es nuestra fe una mera aceptación intelectual de una revelación que alguien nos dijo que era verdadera? ¿Nuestra Fe se limita al conocimiento, o es una experiencia que es una visión de Fe?

¿Creemos realmente que Él está en la Eucaristía, o sólo esperamos que sea verdad? Y si creemos, ¿Por qué nuestras

Iglesias no están llenas, nuestra gente arde, nuestros espíritus son más fervorosos, y nuestro amor es como el amor de Dios?

Tal vez necesitemos examinar Su Don y ver cuán profunda es nuestra Fe en el fondo de nuestros corazones.

La Necesidad

En el fondo del corazón de todo ser humano, existe el deseo del Cielo y el miedo a la muerte que inicia esa meta deseada.

Es un fenómeno extraño que nos aferremos a lo que es temporal, deseemos lo que es eterno, y deseemos que, de alguna manera, podamos tener ambas cosas al mismo tiempo.

La idea de dejar a los que amamos en el acto de la muerte, llena nuestras almas de soledad anticipada. Nos sentimos como si, de repente, estuviéramos solos, no vistos por los hombres y desconocidos por Dios. Miramos las posesiones que hemos acumulado a lo largo de los años y su valor salta por los aires al darnos cuenta de que las dejaremos atrás en un acto de desprendimiento total.

En esta lucha encontramos que un hombre rico echa de menos sus posesiones más que a sus amigos, y un hombre pobre que no tenía posesiones lamenta la pérdida de sus oportunidades. En un esfuerzo por resolver este problema, el hombre trata de hacerse un nombre para que se le recuerde cuando la muerte le alcance.

El hombre rico construye bibliotecas, escuelas e instituciones con su nombre en un lugar destacado para que la posteridad lo recuerde. El pobre espera, lucha y reza para que uno de sus hijos se eleve por encima de las profundidades de la desesperación en la que nació y eleve el nombre de la familia a las alturas de la fama.

Todos los que viven entre los ricos y los pobres tienen los mismos temores y deseos en diversos grados. Así, encontramos a toda la humanidad buscando una vida mejor, mientras se aferra a una vida menor, deseando dejar este mundo para disfrutar de uno mejor y deseando quedarse y disfrutar del amor de los seres queridos.

Este deseo de amar y ser amado, esta necesidad de la presencia de los seres queridos, está plantada en el corazón de cada ser humano porque fuimos creados por el Dios del Amor para amar. Cuando el hombre se desvía de la misión de amar, crea un infierno para sí mismo y para todos los que le rodean.

Vemos este concepto en la vida de los Apóstoles. Judas se negó a amar. Se convirtió en un inadaptado y finalmente se alejó del Amor Mismo. Los otros Apóstoles, con todos sus defectos y debilidades, amaban a su Maestro y deseaban crecer en ese amor, por lo que se aferraron a Él.

El amor es una llama que hay que alimentar constantemente para que no disminuya. Uno de los ingredientes del amor es ser necesario. Los pecadores acudían a Jesús porque tenían una necesidad, mientras que los fariseos autocomplacientes sólo se sentían contrariados por Su Presencia.

Jesús sabía que cuando Él se fuera, necesitaríamos una fuerza motriz que nos permitiera ser y permanecer como hijos del Padre. Nos envió Su Espíritu para que poseyera nuestras almas, iluminara nuestras mentes, dirigiera nuestras voluntades y nos llenara de las virtudes que necesitamos para dar el fruto de Jesús.

Esto lo hizo por nosotros, pero como Dios-Hombre y Divino, Resucitado y Glorificado, quiso satisfacer Su Amor por nosotros y alimentar nuestro amor por Él con una entrega total.

Envió Su Espíritu a nosotros en el bautismo, pero para completar la obra que había comenzado quiso estar presente en nuestras almas de forma visible.

Su vida en la tierra Le hizo experimentar lo que su mente infinita siempre supo: el hombre necesita ver para creer.

Irse y Quedarse al Mismo Tiempo

¿Cómo podría el hombre vivir por la Fe y sin embargo ver a Dios? ¿Cómo podría dejarnos para enviar el Espíritu y, sin embargo, quedarse para ser nuestro Compañero? ¿Cómo se podría satisfacer el amor y saciar la sed sin interferir con el libre albedrío del hombre y la necesidad de elegir por sí mismo?

¿Aceptaría el hombre una visión de Fe, y elegiría el Amor por encima de todas las cosas, incluido él mismo? ¿Qué intervención Divina sería capaz de satisfacer todos los deseos de un Dios Infinito? Nuestros corazones finitos y débiles se cansan de buscar formas y medios de mostrar el amor, y nuestras mentes se aturden en la inercia ante la idea de amar a un Dios Omnipotente. Estamos demasiado dispuestos a gritar: "Imposible. No hay manera de amar, no hay manera de que Dios y el hombre sean uno".

Nuestro Dios es inagotable en las formas que utiliza para manifestar su amor por nosotros. Jesús ideó un modo de alimentar nuestras almas, de nutrir nuestros cuerpos con el alimento celestial, de emocionar nuestras almas con el sabor del Amor Infinito, para quedarse con nosotros después de Su regreso al Padre.

Para prepararnos a aceptar este Misterio de la Fe, Él realizó milagros para simbolizar la realidad, y luego, en ese momento solemne antes de Su muerte, reveló cómo Él estaría con nosotros hasta el final de los tiempos. El Amor Divino triunfó antes de la muerte y preparó el camino para la Resurrección. Reveló a las multitudes que Él sería su alimento y su bebida y les dijo enfáticamente que, si no comían Su Cuerpo y no bebían Su Sangre, no tendrían vida en ellos.

Antes de apreciar plenamente este Misterio de la Fe, veamos cómo Jesús preparó a Sus discípulos para este Milagro de Amor.

Él Sólo Tiene que Querer

Es significativo observar que, el primer milagro que Jesús realizó fue un gesto de compasión hacia los enfermos o los poseídos. Llevó una vida de trabajo y oración durante treinta años y, en cuanto empezó a manifestar Su Naturaleza Divina, obró un milagro que simbolizaba algo más grande por venir.

Él y Sus discípulos habían sido invitados a un banquete de bodas, y el vino se acabó. A petición de Su Madre, realizó un milagro que asombró a Sus apóstoles. Pidió a los sirvientes que llenaran los cántaros de agua y luego se limitó a decir: "Saquen ahora, les dijo, y llévenle al mayordomo" (Juan 2, 8). No dijo una oración sobre el agua ni la tocó; simplemente quiso que se transformara de agua a vino. Sólo Dios puede crear o cambiar mediante un acto de Su Voluntad. Hizo poner agua en jarras y quiso que saliera vino, y así se hizo. De veinte a treinta galones de agua se convirtieron en vino porque Él así lo quiso.

Los poetas han dicho que el agua se sonrojó porque estaba en presencia de su Hacedor, pero debemos ver más que el poder en este milagro. Los Profetas de Dios realizaron milagros similares. Elías oró, y el aceite no disminuyó hasta que terminó la hambruna. Aquí Jesús no reza como alguien cuyo don depende de la voluntad de Dios. No: Él es Dios, y sólo Su Voluntad crea o cambia Su creación.

Así fue cuando más de cuatro mil personas le siguieron y se olvidaron de comer durante tres días. Los Apóstoles tenían siete panes y unos pocos pescados, y San Mateo nos dice que "….. JesúsTomó luego los siete panes y los pescados, dio gracias y los partió. Iba entregándolos a los discípulos, y éstos los repartían a la gente". (Mateo 15:35-36).

Como en las bodas de Caná, en la alimentación de la multitud había un mensaje importante. Este tipo de milagros fueron realizados por Jesús para impresionar en las mentes de la multitud que Su Poder era el Poder de Dios. Estos gestos particulares de compasión fueron realizados como un símbolo de algo mayor que vendría. Sus corazones estaban preparados para aceptar un misterio mayor que Él revelaría antes de Su muerte: el Misterio de la Eucaristía. Este Misterio era un regalo tan grande de Dios que la mente humana nunca sería capaz de aceptar tal afluencia de amor sin cierta preparación.

Un día cambiaría el pan y el vino en Su propio Cuerpo y Sangre. El mismo Poder se multiplicaría; el mismo ministro distribuiría desde la misma Fuente de Amor… Jesús.

Aunque el mayordomo de Caná y la multitud en el desierto no entendieron cómo Él lo hizo, todos se dieron cuenta de que lo que Él hizo, fue por amor. Él alimentó sus cuerpos, y aunque todos se beneficiaron del fruto de Su Poder, ninguno fue privado de Su atención y amor personal. Estos dos milagros prefiguran la Eucaristía.

Comenzó Su vida tomando la carne del hombre y la terminó devolviendo esa carne al hombre en forma de alimento. Comenzó Su vida pública transformando el agua en vino y la terminó transformando el pan y el vino en su Cuerpo y su Sangre.

Ambos milagros los realizó con gran facilidad. En ambas ocasiones estuvo rodeado sólo por sus pocos elegidos. Ambos milagros fueron realizados en un tono de voz tranquilo y conversacional, como si nada.

En las Bodas de Caná, los únicos que se enteraron del milagro, además de los Apóstoles, fueron los sirvientes que llenaron las tinajas con agua y luego vieron cómo se sacaba el vino. En la Última Cena, sólo unos pocos Apóstoles observaron cómo Jesús dijo palabras simples pero poderosas sobre el pan y el vino: "Ésto es Mi Cuerpo, que será entregado por ustedes. Hagan esto en memoria Mía". Hizo lo mismo con la copa después de cenar, diciendo: "Esta copa es la alianza nueva sellada con Mi Sangre, que será derramada por vosotros"" (Lucas 22, 19-20).

Así como Su Nacimiento fue observado sólo por un pequeño grupo en el silencio de la noche, así esta Presencia Divina entre nosotros, se dio a la humanidad de una manera silenciosa y discreta. Quién como Dios para hacer grandes cosas con humildad!.

Como seres humanos, hacemos grandes cosas, pero con la atención de las multitudes sobre nosotros y todo el ruido necesario para mantener esa atención. Durante la tentación en el desierto, el diablo le pidió a Jesús que hiciera tres cosas, y las tres estaban destinadas a convertir a Jesús en un artista ante las multitudes.

Le pidió que convirtiera las piedras en pan. Qué triste que el diablo tenga más fe en el Poder de Jesús que el de los hombres. Los hombres de hoy no creen que Jesús pueda convertir el pan en Su Cuerpo.

La siguiente sugerencia fue arrojarse desde el parapeto del Templo. Esto ciertamente habría atraído a las multitudes.

La tercera petición era absurda, pero el orgullo es absurdo. A Jesús se le pidió que adorara al enemigo de Dios por el dinero y la gloria mundana. La Voluntad de Jesús, eternamente uno con el Padre, retrocedió ante la idea y le dijo al diablo que se fuera.

Lo más significativo de las tres tentaciones en el desierto es que, la verdadera prueba era ver si Jesús podía, por un mero acto de Su Voluntad, cambiar las piedras en pan, bajar flotando del parapeto del Templo y adorar al enemigo. El diablo sabía que sólo Dios puede querer que algo sea o cambie, y así es. Sólo Dios puede cambiar la estructura atómica de una cosa y convertirla en otra con sólo quererlo. Esperaba ver la Voluntad Divina en acción.

Este Acto de Voluntad fue prominente en todas las sanaciones y milagros que Jesús realizó entre la gente. La fe requerida de la gente hizo necesario que primero creyeran que Él podía sanarlos, en lugar de que Él los sanara.

Sólo una vez fue cuestionado esto por alguien que necesitaba sanar. Un niño había sido llevado a los Apóstoles por su padre para ser sanado de una epilepsia demoníaca. El poder de los Apóstoles pareció de repente limitado, y el niño no fue sanado. El padre del niño llevó entonces a su hijo a Jesús y le dijo:".... Por eso, si puedes hacer algo, ten compasión de nosotros y ayúdanos" (Marcos 9:22).

El leproso que dijo: "Señor, si Tú quieres, puedes limpiarme" (Mateo 8:2) nunca cuestionó el poder de Jesús, nunca cuestionó Su autoridad. Esperó humildemente a que Jesús le expresara lo que la Voluntad Divina había diseñado para él.

El hombre con el niño epiléptico, sin embargo, cuestionó Su Autoridad y Poder. Llevó a este niño a los Apóstoles de la misma manera que uno va de Doctor a Doctor. Los Apóstoles habían fracasado, y ahora decide probar a Jesús.

Los sentimientos de Jesús hacia este hombre son muy evidentes en el Evangelio de San Mateo. Jesús responde a la pregunta dubitativa del hombre diciendo: "¡Qué generación tan incrédula y malvada! ¡Hasta cuándo tendré que soportarlos?" (Mateo 17:17).

Cuando los Apóstoles vieron a este niño retorciéndose y echando espuma por la boca, su miedo les hizo cuestionarse el poder que Jesús les había dado para sanar. Cuando Le preguntaron a Jesús en privado por qué no podían expulsar al demonio, Jesús les dijo en términos inequívocos: "Porque ustedes tienen poca fe" (Mateo 17:20).

Un ingrediente necesario de la Fe es entonces una creencia no sólo en lo que Dios revela, sino en Su Poder para lograr cualquier cosa que Él quiera hacer. Nuestra parte es esperar humildemente a que Él manifieste Su Voluntad. Nunca estamos seguros de que, lo que pedimos, sea para nuestro bien, y por eso esperamos una confirmación si la respuesta es "Sí" y una iluminación si la respuesta es "No".

Lo único que no podemos hacer como cristianos es cuestionar Su Poder y el derecho a manifestar ese Poder por un simple acto de Su Voluntad. Dios sólo tiene que Querer y de la nada surge la existencia, y de la existencia surge el cambio. Ya sea que ese cambio sea abrupto y repentino o gradual e imperceptible, el mismo Poder está actuando.

Es significativo de la humildad de Jesús el no hacer milagros por gusto. San Mateo nos dice que no hizo ningún milagro en Nazaret por su falta de fe (Mateo 13:58). Dice "no hizo", no "no pudo". Jesús exigía una creencia en Su Poder que iba mucho más allá de las capacidades humanas. Si esa creencia estuviera ausente, entonces Él se negaría a realizar cualquier milagro. Tenían que creer en Su Divinidad y Poder, y someterse a Su Voluntad. Su humildad no sería violada ni siquiera por los duros de corazón.

Jesús quiere que nuestra creencia en Su Poder para hacer lo milagroso y lo imposible sea sin duda, y que nuestra humildad sea lo suficientemente confiada como para comprender que Él hace sólo lo que es para nuestro bien..

Cuando un centurión le dijo a Jesús que no era necesario que viajara a su casa para curar a su siervo, Jesús se asombró de su fe. Les dijo a las multitudes que escuchaban su apelación que Jesús, siendo Dios, sólo tenía que Querer, decir la palabra, y su siervo sería sanado (Mateo 8:5-13).

Jesús, como Señor, sólo tiene que Querer, y lo que Él desea se convierte en realidad. Nuestra limitada inteligencia no puede comprender tal Poder, y nuestra tibieza no puede imaginar tal Amor.

¿Por qué nos cuesta aceptar el Milagro de la Eucaristía? ¿Se trata de Su Poder o de Su Amor? No podemos cuestionar su Poder, pues Quién creó montañas, colinas, planetas y estrellas de la nada puede seguramente cambiar algo que ya existe en otra cosa.

Tampoco podemos cuestionar Su Amor. ¿Quién puede comprender un amor tan grande como el de Jesús? Él mismo lo demostró con Su nacimiento, Vida, Muerte y Resurrección. Como el origen de las dudas no puede estar en Dios, debe estar en nosotros mismos.

Tal vez tengamos miedo de las obligaciones que se nos imponen cuando creemos en Su Presencia Real en la Eucaristía. Tal vez nuestro amor es demasiado tibio para aceptar la total abnegación de Jesús al colocarse en una pequeña Hostia. Tal vez nuestro orgullo rechaza tal acto de fe, una entrega de nuestros sentidos a favor de una realidad invisible. Qué triste es que, la humildad de Jesús se nos escape, porque deseamos arrastrar Su Poder hasta nuestras limitaciones. Debemos creer que Él es nuestro Pan Vivo, nuestra única Esperanza. Debemos confiar en Su mensaje y vivir según Su Palabra.

Pan Vivo

"Yo soy el Pan Vivo que ha bajado del Cielo. El que coma de este Pan vivirá para siempre. El Pan que Yo daré es Mi Carne, y lo daré para la vida del mundo" (Juan 6:51).

En su Prólogo, Juan llama a Jesús la Palabra. Nos dice que la Palabra estaba con Dios y la Palabra era Dios. Jesús descendió del Padre como Aquél que da la vida. Todos los hombres vivían en las tinieblas, y aunque muchos veían la Luz, siempre era a distancia: era una Promesa, una muestra de algo mayor que estaba por venir.

Mientras los hombres vivían a la sombra de esta Luz, se hacían santos, pero sólo cuando Jesús se hizo Hombre, la Luz entró en medio de ellos y vivió entre ellos. Sólo después de Su Resurrección, Su Espíritu vivió en ellos. Lo que eran por promesa, hijos de Dios, se convirtieron en realidad.

Durante su estancia en el desierto, Dios alimentó a los israelitas con maná. Eran Su pueblo elegido, y mientras vagaban de un lugar a otro, Dios los mantenía vivos, dándoles una nueva provisión Diaria de maná.

Este alimento mantenía sus cuerpos sanos y fuertes, pero lo que simbolizaba aumentaba su fe. Era un alimento enviado por Dios para manifestar Su Providencia y su Amor. "No fue Moisés quién les dio el pan del cielo. Es Mi Padre el que les da el verdadero pan del cielo." (Juan 6:32).

Es extraño que, al describir un acontecimiento pasado, Jesús utilizara el tiempo presente. El Padre sigue alimentando a Su pueblo. En el pasado, Él envió el maná; en el presente envía a Jesús.

El pueblo pedía este pan de vida, esperando algún tipo de maná que lo satisficiera para siempre. "Danos siempre este pan", suplicaba.

La respuesta que recibieron no fue la que esperaban. "Yo Soy el Pan de Vida", les dijo Él.

Las dudas comenzaron a nublar sus mentes mientras Lo miraban y se preguntaban qué quería decir. Cuando les prometió que todos los que acudieran a Él no volverían a tener hambre, ni sed, la multitud comenzó a separarse en varias categorías de duda.

Él trató de explicar que creer en Él, era un don especial del Padre y que creer y adherirse a Él como Señor, significaba la Vida Eterna. Debían escuchar y seguir la Palabra de Dios bajada del Cielo.

En un discurso muy breve, en Juan 6: 32-58, Jesús dijo a las multitudes, cuatro veces, que Él los resucitaría en el último día; tres veces que Él era el Pan vivo; y dos veces que vivirían para siempre. Todas estas promesas tenían una condición. Esta condición tiene dos facetas. "En verdad Les digo: El que cree tiene vida eterna" (Juan 6: 47). Creer en el mensaje que Jesús les daba de parte del Padre, era alimento para el alma. Él era el verdadero pan del hombre, pero un Pan que sólo la Fe podía recibir. Esa Fe en Él les hacía herederos del Reino.

Él explicó este tipo de alimento cuando dijo: "Está escrito en los Profetas: Serán todos enseñados por Dios, y es así como viene a Mí toda persona que ha escuchado al Padre y ha recibido Su enseñanza" (Juan 6:45).

Debían oír y aprender, absorber y digerir las palabras de Jesús tal y como brotaban del Padre. Para que no pensaran que les bastaba con oír las palabras, Él dijo: "Sus antepasados comieron el maná en el desierto, pero murieron: aquí tienen el pan que baja del Cielo, para que Lo coman y ya no mueran" (Juan 6: 49-50).

La multitud estaba desconcertada, pero antes de que otra duda pudiera arraigar en sus mentes, Jesús explicó exactamente lo que quería decir: "Yo Soy el Pan vivo que ha bajado del Cielo". El que coma de este pan vivirá para siempre. El pan que Yo daré es Mi Carne, y lo daré para la vida del mundo" (Juan 6:51).

Jesús fue una Víctima cuyo Cuerpo y Sangre serían ofrecidos en sacrificio para la salvación de toda la humanidad.

San Juan en su Prólogo nos dice que el "Verbo se hizo Carne". Dios se hizo Hombre para enseñar al hombre a ser como Dios. Una hazaña tan imposible necesitaba algo más que una revelación para ser aceptada, un ejemplo a seguir. El hombre tendría que compartir la Naturaleza Divina.

Para que el hombre fuera hijo de Dios, el mismo Espíritu de Dios tenía que habitar en él, y por eso Jesús nos prometió otro Abogado. Para sostener ese Espíritu dentro de nosotros era necesario alimentar constantemente nuestras almas con la Gracia que el Abogado nos daría.

El alimento espiritual era tan necesario como el físico. La palabra de Dios tenía que ser asimilada por la mente para que el hombre supiera qué hacer para agradar a Dios. Sin embargo, una vez que esa palabra entraba en el alma, necesitaba poder para germinar. Se necesitaba algo más para permitirle dar un fruto cien veces mayor. Tan abundante iba a ser este fruto, que se apoderó del alma por completo y esa alma, creada con limitaciones, contendría en sí misma a su mismo Creador. El Creador brillaría en el alma y la transformaría. El amor mismo se apoderaría del alma y ésta comenzaría a amar con el propio Amor de Dios.

¿Cómo se realizaría esta maravilla? Es triste decir que las multitudes de Su tiempo comprendieron el Misterio más rápidamente que las personas de hoy. "Los judíos discutían entre sí: "¿Cómo puede éste darnos a comer carne?" Jesús les dijo: "En verdad les digo que, si no comen la Carne del Hijo del Hombre y no beben Su Sangre, no tienen vida en ustedes" (Juan 6:52-53).

¿Por qué los judíos no aceptaron esta declaración de Jesús como un símbolo? En un día no muy lejano, Jesús iba a llamarse a sí mismo Vid y a Sus seguidores Sarmientos, que crecían de esa Vid. Ellos entendieron esto como un símbolo y así fue.

El Autor de la Verdad estaba obligado a aclarar este Misterio en la mente de Sus oyentes. A menos que la Verdad fuera expuesta claramente, no habría manera de que esa Verdad fuera aceptada o rechazada. El Libre Albedrío dado al hombre por su Creador, no sería responsable de una Luz que sólo era débilmente visible. Tan brillante era la Luz de esta revelación que llevaba consigo la Promesa de la Vida Eterna.

"Cualquiera que coma Mi Carne y beba Mi Sangre tiene vida eterna y Yo lo resucitaré en el último día". Jesús volvió a utilizar el tiempo presente y dijo: "tiene vida eterna", y no el tiempo futuro: "tendrá vida eterna" (Juan 6: 54).

La vida eterna comienza con esta comunión Eucarística de amor, esta unión íntima del Creador y la criatura, esta mezcla del Todo con la nada. La Eucaristía permite que la Luz Eterna y el alma creada se unan y se conviertan en una sola Luz. El Pan Vivo y el alma viva se unen y se convierten en un solo Amor, en un solo sacrificio para la salvación de muchos.

Para asegurarse de que entendían lo que decía, Jesús enfatizó el Misterio diciendo: "Porque Mi Carne es verdadera comida y mi Sangre es verdadera bebida". Parece que en este capítulo de San Juan Jesús está tratando de explicar hasta dónde llegará el Amor Infinito para ser amado a su vez.

Él repite acerca de Sí mismo, una y otra vez como si quisiera hacer entender una verdad de proporciones gigantescas. "El que come Mi Carne y bebe Mi Sangre vive en Mí y Yo vivo en él". Él quería que comprendieran que dos amores, uno ilimitado y otro limitado, serían como uno solo. La Carne del Verbo hecho Hombre, uniéndose con el alma en un ser humano, estaría tan unida que, quién viera al hombre, vería al Dios en él.

Como el Padre, que es vida, Me envió y Yo vivo por el Padre, así, quién Me come vivirá por Mí" (Juan 6:57). Se tambalea la mente al pensar que Jesús nos ama tanto. Desea poseernos y nosotros a Él de la misma manera que Él y el Padre son uno. ¿Quién podría haber soñado con tal unión de amor?

¿Quién podría haber imaginado que un Creador amara a una criatura con tanta ternura?

Al darse cuenta de lo que había en el corazón de sus oyentes, Jesús trató de explicar cómo se haría esto. Como para cambiar de tema, dijo: "Este es el Pan bajado del Cielo; no como el pan que comieron nuestros antepasados; ellos están muertos, pero quién coma este Pan vivirá para siempre". Sólo en la Última Cena los que creyeron en Sus palabras entonces, entenderían cómo podían comer Su Carne y beber Su Sangre. Su poder milagroso cambiaría el pan en Su Cuerpo.

Su falta de fe y la dureza de su corazón obraron un curioso fenómeno. Ellos se perdieron la revelación de cómo lograría Él este Misterio, pero entendieron que era Su verdadera Carne y Sangre lo que iban a comer.

Ellos tomaron Su mensaje literalmente pero, perdieron completamente Su explicación y comparación con el maná en el desierto. Hemos cambiado poco desde entonces. Nos negamos a creer en una realidad visible cuando nuestras propias mentes no pueden entender esa realidad.

Nos horroriza la ignorancia de los hombres de la ciencia médica, que en los siglos pasados se negaban a creer en la existencia de las bacterias o en la necesidad de la limpieza.

Así como esto es cierto en el campo de la ciencia, también lo es en el ámbito del mundo invisible. La falta de humildad y de confianza en la autoridad de Jesús, ha cegado a muchos ante la realidad de las verdades espirituales, verdades que pueden darnos alegría, paz, seguridad y vida eterna.

Más tarde, cuando Jesús se refirió a Sí mismo como la Vid y a nosotros como los sarmientos, se limitó a afirmar el hecho de la total dependencia que una criatura tiene de su Creador. No insistió en el tema, ni repitió el parecido, para dejar claro Su punto de vista.

Todos los presentes comprendieron el simbolismo de la Vid y los sarmientos, y no se hicieron objeciones. No fue así en la sinagoga, aquel memorable Shabat, cuando se reveló el gran Misterio de la Eucaristía.

"Al escucharlo", recordó Juan, "cierto número de discípulos de Jesús dijeron: "¡Este lenguaje es muy duro! ¿Quién querrá escucharlo?" Jesús se dio cuenta de que Sus discípulos criticaban su discurso y les dijo: "¿Les desconcierta lo que he dicho? ¿Qué será, entonces, cuando vean al Hijo del Hombre subir al lugar donde estaba antes?" (Juan 6:60-62)

Lo importante de este incidente es que, Jesús sabía que Su declaración de comer Su carne y beber Su Sangre, había molestado a muchos. La razón era obvia: lo tomaron literalmente.

En este punto. La Verdad y la Justicia Infinitas estaban obligadas a aclarar Su declaración si había alguna posibilidad de malentendido. En otras ocasiones les dijo que Él era el Camino y la Verdad. Su predicación no dejaba ni una sombra de duda en la mente de sus oyentes sobre lo que quería decir.

Cuando antes no habían entendido Su mensaje, se tomaba el tiempo de explicar ampliamente el significado de Sus parábolas. Ahora no. Ellos habían entendido correctamente. No había necesidad de explicaciones, sólo de aceptación.

Si no creían en Su Don de la Eucaristía, ¿Cómo iban a creer en Su Resurrección? Encontramos que los que no creyeron en lo primero, tampoco aceptaron lo segundo. La Eucaristía era un lenguaje "intolerable", y la Resurrección se convirtió para ellos en un engaño perpetrado por discípulos bien intencionados.

El único rayo de luz que Jesús arrojó sobre el tema fue decirles que "es el Espíritu es el que da vida, la carne no sirve para nada. Las palabras que Yo Les he dicho son Espíritu y son Vida" (Juan 6:63).

El Padre comunica la vida al Hijo, y Jesús transmite esa vida a los fieles haciéndose Su alimento. Sólo el Espíritu Santo puede dar a las almas la luz para comprender este Misterio de la Eucaristía. La "carne", los sentidos, la inteligencia humana, nunca podría inventar, creer o aceptar tal Misterio por sí mismos.

Lo que es Divino sólo puede venirnos del Espíritu. Para dejar esto claro, Jesús les dijo: "Pero hay alguno de ustedes que no creen",……."Como he dicho antes, nadie puede venir a Mí si no se lo concede el Padre" (Juan 6:64 y 65).

Jesús no estaba excusando sus corazones endurecidos. Les estaba diciendo que, como se negaban a creer que Él era el Hijo de Dios y que tenía el poder de cambiarlos y transformarlos, el Padre no les daría el don de la Fe tan necesario para creer en el Misterio de la Eucaristía.

La fe en Jesús era la cualidad necesaria del alma para abrir el corazón y la mente para ver a Jesús como Pan, Alimento Vivo para que Sus seguidores crecieran y cambiaran sus vidas.

Su orgullo se rebeló en ellos, primero, ante la idea de comer Su Cuerpo y Sangre y luego, ante su dependencia de los dones del Padre para entender este Misterio. "Después de esto", dice la Escritura, "muchos de Sus discípulos se volvieron atrás y dejaron de seguirle" (Juan 6:66).

En este punto, Jesús miró a Sus discípulos y les dijo: "Hay algunos de vosotros que no creen". Porque Jesús sabía desde el principio quiénes eran los que no creían, y quién era el que le iba a traicionar. Parece que hay tres categorías de escépticos. En primer lugar, estaban los que estaban en la Sinagoga, Adoradores del Sábado. En segundo lugar, estaban los discípulos. En tercer lugar, había un Apóstol. Desde sus amigos más íntimos hasta los hombres comunes, había quienes no creían.

Los que Lo escucharon por primera vez fueron los adoradores que dijeron: "Este dicho es intolerable". La Escritura describe la reacción de Sus seguidores afirmando simplemente: "muchos de sus discípulos se volvieron atrás y dejaron de seguirle" (Juan 6:66).

Aquí fue donde, aquellos, cuyo entusiasmo les había hecho dejar todo al principio, se alejaron de Él. Al darse cuenta de que Él decía exactamente lo que decía, se vieron obligados a decidir si Le seguían o no. Decidieron no continuar.

Encontramos que aquellos que nunca Lo habían escuchado, tuvieron la oportunidad de beneficiarse de Sus palabras. Vieron con sus propios ojos al Mesías. Su primer encuentro fue de conmoción y consternación. Pero, la Verdad Infinita no dijo una palabra para cambiar sus mentes o ablandar sus corazones.

Sus seguidores, también, los que iban de pueblo en pueblo y de ciudad en ciudad, observando, admirando y vitoreando todo lo que Él hacía, también ellos tuvieron la oportunidad de continuar siguiendo, de continuar defendiendo, pero no lo hicieron, y Él no dijo una palabra para traerlos de vuelta a Su lado.

Jesús observó la indignación de la gente y la incredulidad de Sus seguidores. Muchos salieron de la Sinagoga, y en ese Templo de Dios, Dios observó en silencio cómo los hombres se alejaban.

Conociendo los corazones de todos los presentes, Jesús se dirigió a Sus Apóstoles y les preguntó: ¿Quieren marcharse también ustedes? Debió de haber un espacio de silencio antes que Pedro le contestó: "Señor, ¿A quién iríamos? Tú tienes palabras de Vida Eterna. Nosotros creemos y sabemos que Tú eres el Santo de Dios" (Juan 6: 68-69).

Jesús acababa de decir a la asamblea que sólo el Padre podía hacerles comprender este Misterio. Una vez, cuando Jesús preguntó a sus Apóstoles Quién era Él, Pedro había dicho: "Tú eres el Mesías, el Hijo de Dios vivo" (Mateo 16:16). Jesús quiso que todos los presentes supieran cómo Pedro conocía esta verdad y le dijo: "Feliz eres, Simón Barjona, porque esto no te lo ha revelado la carne ni la sangre, sino Mi Padre que está en los Cielos" (Mateo 16: 17).

Por "carne", Jesús se refería a nuestra propia razón humana, a ese Intelecto tan limitado en lo que ve, siente, oye y toca. Sólo una luz especial dada por el Padre podía hacer ver a Dios en un hombre, y ver a Dios en el Pan.

Podemos estar seguros de que Pedro no entendía exactamente cómo se llevaría a cabo, pero sí creía que Jesús era el Señor y que, como Señor, podía realizar y realizaría todo lo que revelara.

Esto fue un consuelo para Jesús, pero quizás también fue una fuente del más profundo dolor. En lugar de alabar a Pedro por su testimonio de fe, como había hecho anteriormente, le respondió con una declaración desgarradora: "¿No Les he elegido a ustedes, Doce? Sin embargo, uno de vosotros es un demonio". Es extraño que nadie preguntara quién estaba poseído. Sólo más tarde supieron a quién se refería, pues Juan comenta: "Jesús se refería a Judas Iscariote, hijo de Simón, pues era uno de los Doce y Lo iba a traicionar" (Juan 6: 70-71).

Judas era uno que era más que un adorador, más que un seguidor. Era un hombre especial y cuidadosamente elegido para ser un líder, un maestro, un testigo, un amigo y un sacerdote de la Nueva Alianza.

Durante mucho tiempo, Jesús fue una decepción para Judas. La causa del Mesías parecía inútil. No era el tipo de Salvador que Judas tenía en mente. Su respeto por Jesús disminuyó, y comenzó a robar de los fondos.

Con la revelación de la Sagrada Eucaristía, su decepción se convirtió en disgusto, pero, a diferencia de los Adoradores y los Seguidores, él decidió que era más prudente quedarse con Jesús. ¿Fue en ese momento cuando se le pasó por la cabeza la idea de la traición? Para que Judas mantuviera su entusiasmo, era imprescindible que las multitudes aclamaran a Jesús. Cuando vio que se alejaban, su corazón se hundió en un estado de desesperanza.

Cuando Jesús había preguntado a sus apóstoles quién era Él, Judas no respondió. No sabía, no creía. Pedro, en cambio, se abrió a la luz del Padre. Una vez que creyó que Jesús era el Señor, pudo creer que ese Señor tenía el poder de convertir el pan en Su Cuerpo, Pan Vivo enviado a nosotros por el Padre Vivo como Su Hijo Vivo.

Como Pedro, entonces, nosotros como Cristianos debemos afirmar nuestra fe en Su Amor cuando se nos da a sí mismo como alimento, y en Su poder cuando cambia el pan y el vino en su Cuerpo y Sangre.

Si la Voz de Jesús en la Sagrada Eucaristía nos preguntara un día: "¿Quién decís que Soy?", que estemos lo suficientemente abiertos a la Luz de Su Espíritu para responder: "Tú eres el Hijo de Dios".

Misterio de la fe

"Con ansia he deseado comer esta Pascua con vosotros antes de padecer. Porque Os digo que ya no la comeré más hasta que halle su cumplimiento en el Reino de Dios" (Lucas 22:15-16).

Jesús no hablaba de compartir una última cena con sus amigos. No le preocupaba mucho la comida en sí misma y aconsejaba a Sus seguidores que la utilizaran para mantener la vida y no para su placer.

Si Él "anhelaba" esta noche y lo hizo antes de Su muerte, entonces nos damos cuenta de que tenía algún mensaje importante que darnos, un mensaje bastante separado de Su "sufrimiento".

¿Qué tipo de comida iba a compartir en esta comida y luego no volver a comer hasta que "se cumpliera" en el Reino?

¿Qué tipo de comida tendría un punto de culminación, un punto de cumplimiento? La comida ordinaria se digiere y no alcanza ningún punto de cumplimiento futuro. ¿Cuál era el "esto" del que Él hablaba? Estas preguntas deben ser respondidas si queremos entender el Misterio que Él ofrece a nuestra Fe para alimentarse.

En primer lugar, Jesús toma la copa de la Pascua, da las gracias y dice simplemente: "Tomen esto y repártanlo entre ustedes, porque Les aseguro que ya no volveré a beber del fruto de la vid hasta que llegue el Reino de Dios" (Lucas 22: 17-18).

Esta copa de vino en particular, era una de las cuatro copas que se pasaban durante la Cena de Pascua. Jesús había dicho a sus Apóstoles que había venido a cumplir la Ley, y ahora, ejecuta la Ley por última vez y establece un paralelismo entre la Pascua y la Eucaristía que está a punto de instituir.

Una vez terminada esta parte de la ceremonia, Jesús "tomó un poco de pan y, después de dar gracias, lo partió y se los dio, diciendo: "Esto es Mi Cuerpo, que es entregado por ustedes; HAGAN ESTO EN MEMORIA MÍA" (Lucas 22: 19, énfasis añadido).

Jesús, que había sanado cuerpos y multiplicado el pan, tomó un simple pan y dio gracias por él. A diferencia de la acción de gracias que dijo sobre el vino de la Pascua, esta vez pidió algo más que una repartición. Esto era diferente. La Voluntad que creó todas las cosas, quiso que se produjera un cambio cuando dijo: "Esto es Mi Cuerpo". Fue la misma Voluntad que dijo a la nada: "Hágase la luz". Así como la luz fue hecha por esas simples palabras, así el pan se convirtió en algo más grande que él mismo, aunque conservó la apariencia de pan.

Cuando el Espíritu viniera a habitar en el hombre, éste tendría el mismo aspecto, pero su alma invisible sería radicalmente diferente. Sería en realidad alguien que no parecía ser: un hijo de Dios.

Así fue con el Pan. Parecía un pan, igual que un hombre parecía un hombre cualquiera, pero ese pan había cambiado: era Su Cuerpo, igual que el hombre era un hijo de Dios.

Ambos conservan su propia apariencia, pero ¡Qué cambio se produce! Ambos necesitan fe para ver: Fe para ver a Dios en el pan y a Dios en el hombre.

Para que Dios permaneciera en el hombre, el hombre debía compartir la Naturaleza de Dios. Su Amor haría lo imposible: cambiaría el pan insignificante y común en Su Cuerpo y Sangre para que nadie se viera privado de este Alimento.

Para asegurarse de que toda la humanidad poseería este Alimento, Jesús dijo a sus Apóstoles: (Hagan esto en memoria Mía" (Lucas 22:19). Como les había dado poder para sanar cuerpos, les dio poder para convertir el pan en Su Cuerpo.

Así, como una vez compartió con ellos Sus poderes creativos mientras cambiaban el tejido leproso en carne nueva, ahora, comparte algo más grande: les da poder para transformar y cambiar, para decir sobre el pan, como lo hizo Él, "Esto es Mi Cuerpo".

Esta Institución de la Santa Eucaristía se hizo después de la Cena de Pascua. Lo antiguo había desaparecido y la nueva Alianza comenzaba. Lucas dice: "Hizo lo mismo con la copa después de la cena, y dijo: "Esta copa es la Alianza Nueva sellada con Mi Sangre, que es derramada por ustedes" (Lucas 22: 20).

"Beban todos de ella: esta es Mi sangre, la Sangre de la Alianza, que es derramada por muchos, para el perdón de sus pecados" (Mateo 26:27-28).

En el Monte Sinaí la sangre de los corderos selló la alianza entre Dios y Su pueblo (Éxodo 24, 4-8). Ahora, es algo más grande lo que se ofrece a Dios como pacto, una garantía del perdón de los pecados: la misma Sangre de Dios en un Sacrificio Supremo se derrama para la Redención de muchos.

El Amor no se contentó con derramar Su Sangre en la Cruz. Quiso que bebiéramos esa Sangre de la manera más sabrosa. Él cambia el vino en Su Sangre y esa Sangre nos da a todos la fuerza para buscar Su perdón, la humildad para arrepentirnos y el amor para cambiar nuestras vidas y conformarnos con la realidad que hay en nosotros.

Los Apóstoles fueron hombres que recibieron el poder de Jesús cuando Él les pidió que hicieran lo que Él acababa de hacer, dar a la humanidad ese Cuerpo y Sangre Sagrados. Ellos presentarían siempre al Padre y a la humanidad el Sacrificio de Jesús en la Cruz.

Ofrecerían ese único Sacrificio a Dios para el perdón de los pecados. Así como una madre alimenta a su hijo con la leche de su propio cuerpo, así Jesús alimentaría a los que redimió con Su propia Sangre.

Los sacó de las tinieblas del pecado a la luz del perdón del Padre, mediante el dolor de la Cruz. Para asegurarse de que Sus hijos, aquellos que el Padre confió a Su cuidado, crecieran en esta nueva vida de Espíritu y Verdad, dio poder a los hombres para consagrar el pan y el vino y convertirlos en Su Cuerpo y Sangre. Él continuaría alimentando a los Suyos.

Los hombres, a lo largo de los siglos, tendrían el privilegio de arrodillarse a Sus Pies en el Calvario, siempre presente para ellos en la Misa, y agradecerle personalmente Su Sacrificio, agradecer al Padre Su don, y agradecer al Espíritu por cuyo poder los simples hombres hicieron descender al Hijo de Dios para que todos Lo amaran y adoraran.

Para el Padre todo está presente, y ese Supremo Sacrificio de Amor, siempre presentado a Él para la salvación de las almas, hace descender sobre el mundo Su Misericordia y su Perdón. Siempre mantiene ante los ojos de nuestras mentes, el costo de nuestra Redención y el poder de Su Espíritu. Nos impulsa a mayores sacrificios, para que, de alguna manera, podamos unir nuestro dolor con Su dolor, nuestro sufrimiento con Su sufrimiento, y nuestros sacrificios con Su sacrificio.

La Eucaristía es verdaderamente un Misterio de Fe, una efusión de Su generosidad, y una llamada a ser santos como Él es santo, a amar con Su propio Amor, porque Su Sangre fluye en nuestras venas, Su Cuerpo es hueso de nuestros huesos.

Se llamó a sí Mismo "Pan Vivo", porque Él no quiso que Su Sacrificio Supremo permaneciera en la mente de los hombres como un mero acontecimiento histórico, una cosa muerta. No, ese Sacrificio continuaría como un testamento siempre "vivo" de un evento siempre presente en la mente de Dios.

La Eucaristía en la Iglesia Primitiva

"Eran asiduos a la enseñanza de los apóstoles, a la convivencia fraterna, a la fracción del pan y a las oraciones"...... "Todos los días se reunían en el Templo con entusiasmo, partían el pan en sus casas y compartían sus comidas con alegría y con gran sencillez de corazón" (Hechos 2: 42 y 46).

Todos los días los Apóstoles instruían a los primeros Cristianos en la Sagrada Escritura. Todas las profecías concernientes a Jesús eran estudiadas a la luz de Su Vida entre ellos. El amor reinaba en medio de ellos y vivían una vida comunitaria como un solo cuerpo de personas, dedicado al Señor. Eran "hermanos" del Señor y entre sí.

Eran judíos que seguían las costumbres judías y por eso, después de adorar en el Templo, iban a sus casas para partir el pan.

"Partir el pan" era una costumbre Judía. El que presidía la comida daba las gracias, partía el pan y lo distribuía a su familia. Jesús había utilizado esta costumbre como parte de la Institución de la Sagrada Eucaristía.

Después de Su Resurrección, la fracción del Pan, al pronunciar las palabras "Esto es Mi Cuerpo", se convirtió en una parte central de su vida espiritual. Los Apóstoles, a los que Jesús les dio este poder, presidían esta función, así como las oraciones pronunciadas por los hermanos.

Antes de Pentecostés, y muchas veces después, se unieron en oración. En el primer capítulo de los Hechos, leemos que los Apóstoles "se unían en continua oración".

Tenemos una visión de las funciones de estos hombres en la Iglesia primitiva cuando los aspectos sociales de su estructura comenzaron a distraerlos de su deber principal. "Los Doce convocaron una reunión de todos los fieles y les dijeron: "No es correcto que nosotros descuidemos la Palabra de Dios por servir a las mesas" (Hechos 6: 2).

¿Qué era más importante que dar de comer a los hambrientos? ¿Qué tenían que hacer estos Apóstoles que no les dejaba tiempo para esta obra de caridad? Encontramos que no descuidaron este deber de alimentar a los pobres, sino que, poniendo lo primero, se dieron cuenta de que, como Apóstoles de la Palabra, debían ocuparse del alimento espiritual de sus conversos, además de sus necesidades físicas.

"Por lo tanto hermanos…" dijeron a la comunidad, "… elijan entre ustedes a siete hombres de buena fama, llenos del Espíritu y de sabiduría; y los pondremos al frente de este cargo" (Hechos 6: 3).

Los Apóstoles insistieron en que los elegidos fueran hombres de profunda visión espiritual y no meros distribuidores de paquetes de comida.

El pasaje importante de esta Escritura es la razón que los Apóstoles dieron para este cambio. "Les confiaremos esta tarea a ellos, mientras que nosotros nos dedicaremos de lleno a la oración y al ministerio de la Palabra" (Hechos 6:4).

Es evidente que los Apóstoles consideraban que su misión de Dios era independiente de la de los demás. Ellos debían dirigir la oración al partir el pan, y eran responsables de la elaboración doctrinal de la Buena Nueva. Las cuestiones de interpretación se les planteaban constantemente. San Pedro lo dejó claro un día cuando dijo: "Sépanlo bien: ninguna profecía de la Escritura puede ser interpretada por cuenta propia" (2 Pedro 1:20).

Hubo momentos en que muchas cosas relativas a los dichos y consejos de Jesús fueron enredadas o mal utilizadas.

En todos los casos se recurrió a los Apóstoles como hombres involucrados en la Nueva Alianza, como la tribu de Leví fue involucrada en la Antigua Alianza.

Cuando Felipe, el diácono, fue a Samaria, predicó la Buena Nueva y "bautizó a hombres y mujeres" (Hechos 8: 12). Pero, encontramos que su ministerio se limitó a predicar, sanar y bautizar. La Escritura relata que "Al enterarse los apóstoles que estaban en Jerusalén, de que Samaria había aceptado la Palabra de Dios, les enviaron a Pedro y a Juan. Estos bajaron y oraron por ellos para que recibieran el Espíritu Santo, ya que todavía no había descendido sobre ninguno de ellos y sólo habían sido bautizados en el nombre del Señor Jesús. Entonces les impusieron las manos y recibieron el Espíritu Santo" (Hechos 8: 14-17).

El diácono Felipe no tenía el poder de hacer descender el Espíritu Santo sobre los nuevos conversos. La función de los Apóstoles era solamente imponer las manos sobre estas personas para que recibieran este don del Padre.

Vemos a los Apóstoles predicando y explicando la Buena Nueva, partiendo el pan en la Cena del Señor y confiriendo el Espíritu mediante la imposición de manos. Eran sacerdotes del Señor, perdonaban los pecados en Su Nombre, sanaban los cuerpos en Su Nombre, liberaban a los demonios en Su Nombre, y convertían el pan y el vino en Su Cuerpo y Sangre en Su Nombre.

La fe en la Sagrada Eucaristía era fuerte entre los conversos de los Apóstoles. San Pablo tenía un amor especial por la Eucaristía y la mencionó a los Corintios con un lenguaje fuerte.

Algunos de estos Cristianos recibieron la Eucaristía al partir el pan y luego procedieron a ir a otro lugar a comer alimentos que habían sido sacrificados a los ídolos.

Pablo les recordó sus obligaciones cuando dijo: "La copa de bendición que bendecimos, ¿No es comunión con la Sangre de Cristo? El pan que partimos, ¿No es comunión con el Cuerpo de Cristo?" (1 Corintios 10:16). Al participar cada uno de ellos del único pan convertido en el Cuerpo de Cristo, formaron "un solo cuerpo". Estaban unidos a Jesús y entre sí de una manera que nunca habían soñado.

Intentó explicar que, aunque el alimento que comían y que había sido sacrificado a los ídolos no tenía ningún valor, constituía una comunión con los demonios. "No podéis beber la copa del Señor y la copa de los demonios", les recordó.

Los Corintios habían adorado a los ídolos durante tanto tiempo, que empezaron a combinar el Cristianismo con la idolatría.

No pasó mucho tiempo antes de que su reverencia por la Eucaristía empezara a caer en la tibieza. Pablo se enfadó por su indiferencia y les explicó tanto la Eucaristía, como su castigo, por recibirla indignamente.

Su reprimenda fue en forma de instrucción. "….Según según me dicen, cuando se reúnen como Iglesia, se notan divisiones entre ustedes,…." (1 Corintios 11:18-19).

Cuando se reunían como comunidad era con el propósito expreso de celebrar la "Cena del Señor". Sin embargo, en lugar de esperar a que todos llegaran para esta reunión, uno comenzaba a comer su propia cena, mientras otros se entregaban a la bebida en exceso. "Seguro que tenéis casa para comer y beber", les reprendió Pablo.

La conducta de estos pocos avergonzó a toda la Comunidad y Pablo comentó sarcásticamente: "¿Qué les diré? ¿Tendré que aprobarlos? En esto, no" (1 Corintios 11:22).

Pablo parecía desesperado por explicar su punto de vista sobre la Eucaristía, y en un esfuerzo por hacerlo, nos da un pequeño vistazo a su vida interior.

Jesús se le había aparecido a Pablo en numerosas ocasiones. De hecho, dice a todo el mundo que todo lo que aprendió le vino directamente de Jesús, aunque su humildad le hizo comprobar todas sus revelaciones con los Apóstoles en Jerusalén (Gálatas 1: 11-13, 18).

Con esta autoridad a cuestas dice: "Esto es lo que recibí del Señor y a su vez os lo transmití a vosotros…". La explicación de la Eucaristía que Pablo iba a dar, le había sido dada directamente por Jesús. Hizo este punto, para estar seguro de que aquellos que interpretaron las palabras de Jesús en la Última Cena como simbólicas, sabrían con certeza que las palabras que Pablo estaba a punto de decir, eran las palabras de Jesús y no su propia opinión.

"El Señor Jesús, la noche en que fue entregado, tomó pan y, después de dar gracias a Dios por ello, lo partió diciendo: "Este es Mi Cuerpo, que será entregado por ustedes; hagan esto en memoria Mía".

Del mismo modo, después de la cena, tomó la copa y dijo: "Esta copa es la Nueva Alianza en Mi Sangre. Todas las veces que la beban háganlo en memoria Mía"" (1 Corintios 11: 23-25). La similitud entre el relato de Lucas y la revelación de Pablo es evidente. Lucas fue compañero de viaje de Pablo y lo conocía mejor que la mayoría. Su relato de la Última Cena es el más detallado, y podemos estar seguros de que él y Pablo discutieron este Misterio a menudo.

La Eucaristía es la nueva alianza de Dios con su pueblo, y Pablo trató de inculcar su importancia en la mente de sus conversos. "Fíjense bien: cada vez que comen de este Pan y beben de esta Copa están proclamando la muerte del Señor hasta que venga" (1 Corintios 11:26).

La Consagración del pan y el vino en Su Cuerpo y Sangre proclama a toda la humanidad la muerte de Jesús. No es otro sacrificio, sino el único Sacrificio, proclamado de nuevo a todo el mundo.

Pablo no estuvo presente en la Última Cena ni en el Calvario, pero como seguidor de Jesús no se vio privado de este privilegio. Para Pablo fue una experiencia tan real que explicó: "Por tanto, el que come el pan o bebe la copa del Señor indignamente peca contra el Cuerpo y la Sangre del Señor. (1 Corintios 11:27).

¿Cómo debía Pablo inculcar esta verdad a sus conversos? Les dijo que se prepararan con recogimiento antes de participar de este Cuerpo y Sangre. Había que dedicar un tiempo a la oración, a la reverencia y a la gratitud por semejante regalo de Dios. "Porque", comentó solemnemente, "una persona que come y bebe sin reconocer el Cuerpo, está comiendo y bebiendo su propia condenación. ".....Por esta razón varios de ustedes están enfermos y débiles y algunos han muerto". (1 Corintios 11:28-30).

La fe de Pablo en la Presencia Real de Jesús en la Eucaristía y en el poder de la Misa, cuya Consagración produjo esta maravilla, era tan fuerte que creía que todos los que cometían un sacrilegio eran castigados por Dios.

Aquellos que deliberadamente participaban de este Sacramento indignamente, eran culpables de una Comunión sacrílega, y en la mente de Pablo este mal espiritual producía enfermedad física e incluso la muerte.

Este es un lenguaje fuerte, pero Pablo estaba hablando a un pueblo de cabeza dura que aparentemente se entregaba a la comida y la bebida durante una función sagrada. La Fracción del Pan no era un símbolo para Pablo, sino un Sacrificio real y una participación real en el Cuerpo y la Sangre del Señor.

Como apóstol de los gentiles, sus instrucciones debían ser claras y sólidas. Él no pronunciaría una condena de cuerpo y alma sobre un símbolo, como la Vid y los Sarmientos mencionados antes.

Jesús le había dicho, como a los Apóstoles en la Sinagoga, "Mi Carne es verdadera comida y Mi Sangre es verdadera bebida" (Juan 6: 55). No era algo que debía tratarse a la ligera.

Nadie podía estar presente en el Calvario comiendo y bebiendo desenfrenadamente sin hacer caer sobre sí la ira de Dios. "Si nos examináramos a nosotros mismos, no seríamos juzgados. Pero, si el Señor nos juzga, nos corrige, para que no seamos condenados con este mundo" (1 Corintios 11:31-32).

"En resumen, hermanos, cuando se reúnan para la Cena, espérense unos a otros; y si alguien tiene hambre, que coma en su casa. Pero no se reúnan para ser condenados." (1 Corintios 11:33-34). Una y otra vez, Pablo les advierte del carácter sagrado de esta Comida, de esta Misa. El Sacrificio del Calvario, la participación de su Cuerpo y Sangre era una ocasión impresionante y no de indiferencia, tibieza y jolgorio.

Tenían una Nueva Alianza con Dios, en la que Él sería fiel hasta el final. Estos nuevos conversos al cristianismo debían ser fervientes, orantes y fervorosos. La Eucaristía era el núcleo de su espiritualidad. Su Dios los alimentaba con su propio Cuerpo y Sangre. Su Espíritu habitaba en ellos, y eran en verdad hijos de Dios.

San Pablo en su Epístola a los Hebreos deja claro que los antiguos sacrificios se repetían una y otra vez porque "la sangre de los toros y de los machos cabríos era inútil para quitar los pecados." Jesús, sin embargo, ha ofrecido un único Sacrificio. "Su única ofrenda lleva a la perfección definitiva a los que santifica" (Hebreos 10: 4 y14).

Era importante que la comunidad Cristiana tuviera siempre presente ese Sacrificio. Había que proclamarlo para que todos lo recordaran. "No abandonen las asambleas...." exhortó Pablo a los hebreos, "...sino, mas bien, anímense unos a otros, tanto más cuanto ven que se acerca el día". (Hebreos 10:25).

Independientemente del sufrimiento, la persecución y el dolor que pudieran soportar, la Eucaristía era su fuerza, su esperanza y su valor. Su Jesús estaría con ellos hasta el final de los tiempos.

Cuán ciertas eran las inspiradas palabras de Malaquías: "Desde donde sale el sol hasta el ocaso, en cambio, todas las naciones Me respetan y en todo el mundo se ofrece a mi Nombre tanto el humo del incienso como una ofrenda pura...." Malaquías 1:11).

Dios con Nosotros

Desde el principio, cuando el hombre comenzó a vivir y a respirar, deseó ver y comunicarse con Dios.

El libro del Génesis nos cuenta cómo Dios satisfizo esta necesidad a lo largo de la historia de la salvación. Dios habló con Adán en el Jardín y caminó con Henoch en el frescor de la noche.

Abraham habló con Dios y le oyó prometer una posteridad tan numerosa como las estrellas del universo.

Moisés, a su vez, se negó a conducir a su pueblo a la Tierra Prometida a menos que Dios prometiera ir con ellos. "…Así fue como se les apareció en forma de fuego por la noche y de nube por el día." (Éxodo 33: 13-17).

Cuando dio a Su pueblo elegido los Mandamientos, pidió que se hiciera un Arca, y estableció Su morada entre los hombres en el Arca de la Alianza. Esta Presencia era tan asombrosa que cuando Uzza tocó el Arca para evitar que se cayera, murió fulminado (2 Samuel 6: 7).

Después de que Salomón construyó el Templo del Señor, leemos en el Libro de los Reyes que "Cuando los sacerdotes salían del Lugar Santo, la nube llenó la Casa de Yahvé…..".

Entonces Salomón dijo: "Yahvé dijo que permanecía en una espesa nube; así pues, la Casa que he edificado, será Tu morada, una moradaen que permanecerás para siempre" (1 Reyes 8, 10-13).

Durante la época de la conquista romana, el Templo construido por Herodes tenía en su interior una porción llamada el Santo de los Santos. Aquí habitaba Dios y el Sumo Sacerdote le ofrecía incienso.

El pueblo estaba en paz, sabiendo que Dios estaba con ellos. Sin embargo, cuando Jesús murió, el velo del Templo se rasgó en dos. Fue como si Dios saliera de Su escondite para descansar en nuestros corazones y en la Eucaristía.

Dios ha infundido en cada uno de nosotros el deseo de conocerle y verle. A lo largo de la Historia de la Salvación, Él habló directamente a algunos y a través de los Profetas a otros.

Cuando llegó el momento de enviar a su Hijo, fue lo último en comunicación. Ahora, Su pueblo elegido podía ver y hablar con su Dios cara a cara.

En todas las experiencias pasadas de comunicación siempre existió el elemento de la fe. Incluso cuando los hombres hablaron con Dios nunca hubo esa visión total que excluyera la necesidad de la Fe. Cuando Moisés pidió ver el Rostro de Dios se le dijo que ver tal gloria significaba la muerte. Nuestra pobre naturaleza humana no fue capaz de tal alegría.

Se requiere humildad para aceptar a Dios en Sus términos, y por eso cuando vino en la carne muchos no creyeron. Él predicó a los pobres, a aquellos cuyas mentes no estaban atestadas de especulaciones intelectuales y cuyos corazones no estaban cargados de posesiones. En este tipo de personas crecería la Fe. La fe significaría una adhesión a las palabras de Jesús como palabras del Padre.

¿Había alguien en Jerusalén que no se hubiera alegrado ante la idea de hablar directamente con Dios, cara a cara? ¿Por qué tantos Le echaron de menos? ¿Por qué tantos deseaban tener a Su Dios visiblemente en medio de ellos y luego nunca Lo vieron mientras Él caminaba a su lado?

Jesús reprendió a menudo a Su pueblo por su falta de fe y dijo a los discípulos de Juan el Bautista: "Dichoso el hombre que no pierde la fe en Mí" (Mateo 11, 6). Así fue como a muchos les resultó difícil creer que Dios se había hecho Hombre, un hombre semejante a ellos en todo, excepto en el pecado.

En el principio, Dios había hecho al hombre a Su imagen, pero ahora Dios bajó y vivió a imagen del hombre:

Dios-Hombre. Los milagros que realizó fueron para demostrar Su Divinidad y Autoridad. Aceptar incluso estas pruebas requería fe.

Por mucho que el hombre deseara ver a Dios en esta vida, cuando lo hacía, se requería Fe para creer que el Enviado de Dios era Dios: parecía y hablaba como un hombre, cuando en realidad era el Señor de todo, el Creador y la Sabiduría encarnada.

Para los que tenían su propia idea de cómo se manifestaba Dios, Jesús era un impostor. Para los que eran humildes de corazón, Él era el Salvador. Los que eran complicados querían un concepto sobre el que reflexionar, una voz que escuchar, una revelación que descifrar. Los que eran pobres de espíritu deseaban a Dios más que a sí mismos. Estaban abiertos a la Verdad y dispuestos a cambiar sus vidas de acuerdo con esa Verdad.

Había una cualidad del alma que todos los que creían poseían y esa cualidad era la Fe. La fe les hacía dejar todas las cosas. La esperanza les hacía estar seguros de que no tener nada y a Jesús, era mejor que tenerlo todo sin Él. El amor les hacía querer ser como Él, aferrarse a Su palabra y estar un día con Él en el Reino.

Para que los hombres, fuera de su tiempo en la historia, perseveraran en esta determinación, necesitarían Su Presencia.

Necesitarían esa cualidad invisible que daba a los simples hombres el poder de cambiar y seguir a su Señor.

La Morada del Espíritu les daría esta realidad invisible, Gracia, una participación en la propia naturaleza de Dios, Dios dentro de nosotros.

Dios no sólo inspiraría a los hombres; moraría en medio de ellos y por medio de Su Espíritu viviría en sus mismas almas como en un Templo. Este nuevo estado dio al hombre graves responsabilidades. Tenía que cambiar todos aquellos defectos de temperamento que no estaban en consonancia con su nueva dignidad de hijo de Dios.

Juan no dejó a sus conversos ninguna duda sobre sus obligaciones. "Vean cómo conoceremos que estamos en Dios", dijo a sus seguidores, "Si alguien dice: "Yo permanezco en Él", debe portarse como Él se portó" (1 Juan 2: 5-6).

Por la gracia santificante, el hombre se convirtió en la morada de la Trinidad. Dios tomó Su morada, ya no como una nube o una columna de fuego, sino que se colocó en las propias almas de aquellos cubiertos por las aguas del Bautismo. Todos los privilegiados serán como "hijos primogénitos" en el Reino de los Cielos (Hebreos 12: 23).

Esta gracia, esta vida de la Trinidad en el alma, debía crecer y desarrollarse de manera que fuera un testimonio para el mundo.

Había varias maneras en que el hombre podía crecer en la gracia. Jesús mencionó que hacer la voluntad del Padre era el alimento de su alma. Prometió que quien hiciera la Voluntad de Su Padre era Su hermano, Su madre y Su hermana. Los tres son relaciones de sangre.

Él nos prometió una recompensa cuando hacemos el menor acto de bondad por nuestro prójimo, pues lo que hacemos a él lo hacemos a Jesús. También la lectura de la Escritura es alimento para el alma.

Todos estos medios de gracia son útiles para el hombre, pero la mayoría de ellos dependen de nuestros motivos. Nuestros actos de bondad se mezclan a menudo con motivos egoístas. Nuestra adhesión a Su Voluntad es a veces rebelde o al menos en una actitud de aguantar lo inevitable.

Cuando leemos Su Palabra en la Escritura nuestra mente divaga y se nos escapan sus diversas interpretaciones.

Dios no nos dejaría varios medios de gracia que dependieran tanto de nosotros, de nuestros motivos, de nuestra inteligencia. Él sabía, como nos recuerda la Escritura, de qué estaba hecho el hombre, y no permitiría que nuestro crecimiento en Él dependiera lo más mínimo de nosotros mismos.

Su gracia sería siempre gratuita, sería siempre un puro regalo. La Mente Infinita de Dios ideó un modo de garantizar al hombre una fuente pura de gracia, totalmente independiente de la santidad o el valor del hombre: un alma que pudiera ser siempre pura y santa como Él es puro y santo, participando de Su Cuerpo y Sangre.

Él ideó una manera por la cual Él sería el alimento para que el alma del hombre creciera, se desarrollara, y un día entrara en Su propio Reino como hijo.

"El que come Mi Carne y bebe Mi Sangre, vive en Mí y Yo en él" (Juan 6: 56). Compartir realmente Su Cuerpo y Su Sangre permite a Dios vivir en cada alma. Nos hace a todos hermanos y hermanas porque compartimos el mismo Padre y participamos del mismo Cuerpo y Sangre.

Él sabía que necesitaríamos a Alguien para ver con nuestros ojos y experimentar con nuestros sentidos. Queremos ver, tocar y saborear lo que nuestra fe nos dice que existe: Dios.

¡Qué maravilla de Sabiduría! Podemos verle y vivir en Él sin ninguna interferencia con la Fe tan necesaria en este exilio.

Podemos verlo y no morir; podemos tocarlo y no ser aniquilados. Podemos hablar con Él en la Eucaristía y tener la seguridad de que nos ha escuchado.

Nuestra fe nos dice que Él está verdadera, real y sustancialmente presente en la Eucaristía.

Nuestra Esperanza nos da esa alegría que comienza aquí y culmina en la Eternidad.

Nuestro Amor se enciende al ser arrojado al Fuego de Su Amor.

Este don de los dones, la Eucaristía, nos permite hablar con Dios como Moisés, mirar Su rostro como Pedro, convertirnos en Su morada como María, ser fervorosos como Pablo, valientes como Esteban, arrepentidos como Magdalena, iluminados como Felipe y amantes como Juan.

Es más que un poder, más que un consuelo en el calor, o un refugio en la tormenta.

La Eucaristía es alimento para las almas hambrientas, Su Presencia en medio de nosotros, Su gracia en nuestras almas, Su compañía durante nuestro viaje, Su fuerza en nuestra debilidad, el centro de nuestras vidas, la levadura en la masa de nuestra espiritualidad.

La Eucaristía es Dios con nosotros, Dios en nosotros.

"Jesús mío, Tu amor por mí va más allá de mi comprensión. Me quedo sin palabras al pensar que la Inteligencia Infinita habita en este Pan y este Vino que tengo delante. Tu humildad es tan grande y mi orgullo tan absurdo. Te amo en esta Hostia, y Te agradezco que bajes a este nivel por amor a mí".

"¿Qué Te hace desear tanto estar con los pecadores? ¿Qué Te hace llegar a tales extremos para estar con nosotros? Seguramente sabías, Señor mío, que muchos no aceptarían Tu Presencia en la Eucaristía. Tu tipo de amor es diferente al mío. Mi amor se desanima fácilmente y está dispuesto a renunciar a la primera señal de los obstáculos. Dame ese mismo amor desinteresado que Tú tienes, humilde Jesús".

"Obediente Jesús, por muy indigno que sea Tu sacerdote, Tú vienes a habitar en la Hostia que tiene en sus manos, cuando él pronuncia las palabras "Esto es Mi Cuerpo". Te contentas dondequiera que él Te coloque. Eres paciente por muy solo que estés en este Sacramento. No opones resistencia cuando muchos Te reciben indignamente. Enséñame, querido Jesús, a ser obediente a Tus mandatos, a Tu menor deseo, a Tu más mínimo deseo. Concédeme ir a donde Tú me pongas, hacer Tu voluntad antes que la mía, y esperar con paciencia el momento de Tu consuelo".

"Jesús Eucarístico, hoy sólo han venido unos pocos a visitarte. ¿Qué pasaría si yo fuera a la plaza y gritara: "Él está aquí, aquí en la Hostia, aquí en este altar"? ¿Llorarías cuando todos se dieran la vuelta? ¿Te parecería inútil esperar con tanta paciencia una sola visita de Tus criaturas? ¿Es Tu humildad nuestro tropiezo? ¿Acaso Tu obediencia a la voluntad del Padre pone a prueba nuestra inteligencia? Dulce Jesús, dame Fe para ver y Esperanza para confiar, y Amor para permanecer cerca de Tí, abandonado y olvidado".

"Humilde Jesús, haz que comprenda mejor Tu amor por mí. Aquél a quién los cielos no pueden contener ha bajado *a vivir en esta pequeña Hostia. Yo soy tibio, pero Tu amor es un fuego ardiente. Yo soy olvidadizo pero Tú nunca dejas de pensar en mí. Tú eres la humildad misma y yo sólo me busco a mí mismo. Tú esperas y esperas que te visite en Tu Prisión voluntaria pero yo estoy tan ocupado con cosas insignificantes. ¿Acaso los ángeles ocupan mi lugar cuando no estoy Contigo? Siglo pasa siglo, y todavía Tú estás en este Sacramento de Amor, y sin embargo parece que hay tan pocos que aprecian Tu Sacrificio, Tu Amor, Tu anhelo. Jesús, déjame ser un consuelo para Tu Corazón solitario".*

"Jesús solitario, ¿No es la esencia de la ingratitud que tantos crean en Tu Presencia Real en la Eucaristía y nunca Te visiten? ¿Acaso Tu Corazón salta de alegría cuando alguien finalmente entra en Tu Templo para decir "Hola"? Cuál debe ser Tu dolor si todo lo que hacen es quejarse de sus cruces y pedir más y más cosas. Hay muchos que vienen sólo para decir: "Te amo, Jesús en la Sagrada Hostia"? Te alabo por Tu Bondad y Tu Amor. Tu Misericordia no tiene fin, pero temo la tibieza, la que nunca pide misericordia. Por

favor, humilde Jesús, hazme ferviente, y haz que nunca dé por sentada Tu Presencia".

"Mi Señor oculto, el mundo tiene tanta prisa. La gente dice que no tiene tiempo para visitarte; otros dicen que Tú eres sólo un símbolo. Deja que el mundo entero Te vea escondido bajo esta Especie Eucarística. Qué consuelo llenaría sus corazones si se dieran cuenta de que pueden hablarte y de que Tú estás realmente allí para escuchar. Aumenta también mi fe, porque muy a menudo doy por sentada Tu presencia. Durante la Semana Santa, cuando Tu Presencia desaparece de la Iglesia, me doy cuenta de lo vacío que estaría todo sin Tí".

"Cuerpo de Cristo, hazme santo. Llena mi débil alma con un desbordamiento de la Gracia para que Tú y yo seamos uno. Tú me has creado para Tí. Qué acto de ingratitud guardar cualquier parte de mí para mí. Mi debilidad y mi orgullo me hacen olvidarte, pero Tu humilde Presencia en la Eucaristía mueve mi alma al arrepentimiento. Escondámonos juntos en el amor y la unión".

"Humilde Jesús, mi alma está a menudo en la oscuridad. Tu Presencia en mi alma, como en la Hostia, está oculta a mis ojos, pero creo que estás ahí. Tu Presencia en mi prójimo también es difícil de discernir y, sin embargo, Tú has dicho que todo lo que hago a los más pequeños, lo hago por Tí. Todos estos disfraces que tomas en esta vida exigen Fe, y por eso, dulce Señor, Te pido más Fe. Quiero que Tu Presencia en la Eucaristía sea tan real para mí que reciba de ella la gracia de verte en el prójimo, en los deberes del momento presente y en mi propia alma".

"Jesús Eucarístico, ojalá tuviera el talento de un poeta para poner en rima las maravillas de Tu Amor. Ojalá tuviera las palabras de los santos para contarte mis deseos. Ojalá mi mente y mi corazón no estuvieran tan vacíos, para poder decir todas esas cosas hermosas que Tus Ángeles deben decir cada día. Deseo tanto hablar al mundo de Tu Presencia aquí en esta Hostia y luego guiarlos a todos a Tu Trono. Acepta mis deseos, querido Jesús, pues mis manos están vacías de buenas obras, mi mente está vacía y mi alma está reseca por el calor del desierto. Acepta entonces mi miseria y envuélvela en *Tu Poder* y cámbiala toda en el fuego de *Tu Amor*".

CENTINELAS ANTE EL PAN DE VIDA

Los Centinelas en acción se agrupan en torno al Santísimo Sacramento para rezar, adorar, alabar, interceder y obtener del Padre un mayor crecimiento en la forma de vida Cristiana. Su papel es de reparación por los pecados de la humanidad y de intercesión por la paz mundial. La santidad personal, a través de su participación en los Sacramentos, es su objetivo. La oración Comunitaria en Presencia de Jesús, la verdadera fuente de unidad, une a los Centinelas entre sí como fuente de poder para cambiar el mundo.

Los Centinelas son de todas las edades y de todos los ámbitos de la vida. Todos los hombres, mujeres y niños necesitan la presencia de Jesús en su entorno. Las siguientes sugerencias se dan para que cada individuo, independientemente de su edad, pueda participar en el glorioso papel de esperar en el Señor, escuchar Sus Palabras y hablar a Su Corazón.

Te Necesito, Jesús

Dos de las necesidades básicas del hombre son Amar y Compartir. Ambas necesidades se satisfacen en mayor o menor grado con la amistad. Todos los hombres necesitan a alguien, fuera de las relaciones familiares, para compartir sus alegrías, sus penas, sus quejas, sus miedos, sus dolores, sus tensiones, sus culpas, sus remordimientos, sus ambiciones y todas las demás angustias cotidianas que les acosan. El hombre necesita a alguien que le ame y a quién pueda amar él a su vez.

¿Dónde está ese amigo? ¿Tengo alguien entre mis conocidos o amigos que escuche constante y pacientemente mi historia de aflicción y alegrías personales?

¿Dónde está el amigo al que yo pueda contarle constantemente mi dolor sin escuchar alguna declaración trillada que indique que lo ha escuchado antes? ¿Dónde está el amigo que estará conmigo en el fracaso, cuando yo esté en el extremo de recibir y él en el de dar?

¿Cuántos de mis amigos seguirían amándome si conocieran mis pensamientos internos, mis pecados secretos y mis multitudinarias debilidades? ¿Cuántos me perdonarían más veces de las que puedo contar y luego seguirían queriéndome como si nunca les hubiera ofendido?

¿Hay alguien dispuesto a renunciar a una existencia sublime, a vivir pobre y a morir abandonado por amor a mí? ¿Hay algún amigo dispuesto a amarme con un amor exclusivo, un amor totalmente desinteresado? ¿Existe un amigo honesto, que me ame lo suficiente para corregirme y sea lo suficientemente gentil para comprender mi rebeldía?

¿Dónde está la persona que entiende mis problemas, comprende desde mi punto de vista, y luego excusa mis debilidades y repara mis errores?

Si se pudiera encontrar un amigo así, ¿No desearía esa amistad? ¿No criticaría a la persona que rechazara esa amistad? Sí, diría que esa persona es una tonta.

¿Existe tal amigo, y hay alguien que rechazaría esa amistad? Te oigo decir, querido Jesús, …Hace tanto tiempo que estoy con ustedes, ¿Y todavía no Me conoces?" (Juan 14: 9).

"Jesús mío, soy como Felipe, pues también yo pido Tu presencia; también yo Te veo cada día y no Te reconozco en los acontecimientos humanos y en mi prójimo. En mi pequeña mente se me escapa Tu constante y amorosa Providencia y sólo me veo a mí mismo y a las personas. Tu mano guiando los acontecimientos humanos es un misterio que me llena de confusión porque no veo el bien que sacas del mal del mundo".

"Todo parece tan frío e impersonal y mi alma está encogida como un guijarro en la playa, siempre buscando respuestas, siempre buscando ver Tu Rostro, siempre preguntándose si Te importa".

"¿Por qué mi alma está tan asediada por las dudas, mi corazón lleno de miedo y mi mente nublada por la ansiedad de vivir en un mundo confuso?"

"¿Hay alguna escapatoria, querido Señor? ¿Hay alguna paz, algún oasis, algún momento del tiempo que de alguna manera haya sido besado por Tu Serenidad, un momento en el que pueda esconderme y refrescarme como el ciervo ante el agua corriente?"

"¿He permitido que el mundo, mis mezquinas ambiciones y molestias se apoderen de mi alma de tal manera que toda la belleza de Tu creación pase de largo como el rayo de una lluvia primaveral?"

"No puedo creer que me dejes solo sin nadie que me consuele, sin nadie con quien hablar, sin nadie en cuya presencia pueda llorar sin vergüenza y reír sin explicaciones'.

"¿Existe un amigo así que me ame como soy y acepte lo que quiero ser aunque fracase miserablemente en alcanzar mi meta? ¿Ha sido enviado Tu Hijo sólo para vivir entre nosotros, morir por nosotros y luego ser arrebatado en una gloriosa Resurrección?"

"Sé que Tu Espíritu está dentro de mi corazón, viviendo como en un Templo. Sé que Él guía y santifica, y que Su presencia es ese bálsamo siempre calmante para mi alma. Pero me encuentro anhelando ver a Jesús, y cuando siento que Tu Espíritu llama a mi corazón y me impulsa a cosas mayores, mi anhelo aumenta. Me encuentro en medio de una paradoja: Te poseo y, sin embargo, mi alma se extiende como si estuviera desprovista de Tu presencia. Cuanto más de Tí me das, más vacío me siento, más deseoso estoy de un mayor amor. Mi alma se llena de una profunda comprensión de lo incapaz que soy de amar a un Dios tan grande".

Es entonces cuando mi paradoja me lanza a un dilema. ¿A dónde me dirijo? ¿A quién debo acudir?

"¿Te oigo decir, Señor mío, que has resuelto mi dilema? ¿Te veo sonreír y decir: "¿No sabes, o lo has olvidado, que te he dado a mi Hijo en la Santa Eucaristía? Su Presencia está allí tan verdaderamente como en Jerusalén. ¿Por qué no lo visitas en Su humilde Prisión de Amor?"

"Sí, mi Señor, lo he olvidado, o tal vez nunca he estado realmente seguro. Muchos me dicen que "Su Presencia es sólo simbólica", y me confundo. Tu Iglesia proclama que "Él está allí", Tu Palabra en las Escrituras revela que "Él está allí", y la santidad de los hombres, mujeres y niños demuestra que "Él está allí".

"Me temo, mi Señor, que el orgullo de aquellos que no pueden aceptar los misterios más allá de su propio intelecto y mi propia falta de Fe son la verdadera causa de mi dilema.

No me has dejado solo; soy yo quien rechaza a un amigo".

"No me has dejado sin compasión; soy yo quien rechaza a un amigo".

"No me has dejado sin consuelo; soy yo quien rechaza Tu consuelo".

"No me has dejado en la indigencia; soy yo quien rechaza la ayuda.

No me has dejado sin valor; soy yo quién rechaza el apoyo".

"Padre del Cielo, ¿Por qué soy tan terco, orgulloso e infiel? ¿He relegado la Presencia Eucarística al lugar de una mera devoción? ¿Ha sido mi corazón tan frío y mi fe tan falta de espíritu que lo pongo a Él a la par de las novenas? ¿Por qué trato a una Persona como si fuera una cosa, un mero vehículo por el que llego a Tí, Señor Padre?"

Su Cuerpo, Sangre, Alma y Divinidad están envueltos en una pequeña Hostia para que Su Gloria no me aniquile, Su Belleza me extasíe, Su Divinidad disminuya mi Fe. Se esconde detrás de lo que parece ser pan para que yo pueda ganar el mérito de reconocer Su Presencia, adorarle como Señor y alabarle por Su Bondad.

"Jesús, me arrepiento de mi frialdad y mi falta de aprecio por este gran Regalo. Mi tibieza me ha hecho duro de corazón e independiente. Perdóname, Jesús. No te faltará de nuevo la compañía. No anhelarás ver mi rostro y te decepcionarás día tras día".

"Tú y yo, querido Jesús, seremos amigos, y vendré a visitarte a menudo, compartiré mi vida Contigo y traeré a mi prójimo a este lugar de refugio. Ya no seremos extraños el uno para el otro. Espíritu de Dios, ayúdame a poner mi confianza en la Presencia de Jesús en la Eucaristía, mi fe en este Don de los dones, y mi amor en Su Corazón Eucarístico".

Qué alegría llena mi corazón cuando me doy cuenta de que tengo a Jesús siempre conmigo durante mi peregrinaje terrenal y que un día, cuando el Padre me llame a casa, el mismo Jesús dejará caer el velo de la Fe y lo veré en toda Su Gloria. Ningún temor llenará mi alma, pues el encuentro de dos viejos amigos es una alegría indescriptible.

Centinela en Acción

El Centinela en Acción llena el cesto de su alma con el Pan de Vida y, como los Apóstoles, que distribuyeron los cinco panes y los pocos peces, sale a compartir el amor de Jesús y la Palabra de Dios con su prójimo. El Cuerpo y la Sangre de Cristo son la fuente de fuerza, poder y fervor del Centinela. Como Jesús, que se entrega por completo, el Centinela vela con su Maestro, bebe profundamente de la Fuente de Agua Viva, reza por el mundo y difunde la Buena Nueva.

ORACIÓN

"He venido, Señor Jesús, a adorarte en el Santísimo Sacramento. Mi alma está reseca y cargada con las cargas del viaje a casa. Deseo alimentar mi alma con el Pan Vivo de la Vida, adorar Tu Presencia en la pequeña Hostia, asombrarme ante la maravilla de Tu amor por mí. Llena mi alma con los dones y frutos de Tu Espíritu para que yo pueda cambiar y nacer de nuevo".

(Las opciones incluyen: Oración espontánea; alabanza; enseñanza de la Escritura; canto; meditación; Bendición y reposo.

ORACIÓN FINAL

"Te adoro, Señor Jesús, en este Santo Sacramento. Dedico cada momento de la próxima semana a Tu servicio. Dame el fervor para difundir la Buena Nueva de Tu amor con palabras y obras. Haz que mi vida sea un ejemplo vivo de los frutos de tu Espíritu entre nosotros. Acalla las dudas que tan a menudo me asaltan y los miedos que me envuelven en su gélida garra. Deja que las palabras que dijiste a los Apóstoles resuenen siempre en mi corazón: "Animo, no teman, que soy yo" (Mateo 14:27).

Centinela en encierro Esperando al Señor

(Si es posible, el Centinela en encierro enciende una vela ante el Crucifijo o la imagen del Sagrado Corazón).

ORACIÓN

"Señor Padre, pongo el dolor y el sufrimiento que Tu Amor ha puesto sobre mí como un sacrificio de alabanza ante el

solitario Jesús en tantos Tabernáculos alrededor del mundo. Reconozco Su Presencia Real en la Sagrada Eucaristía, y pido perdón por la negligencia y la tibieza de mis hermanos. Como no hay distancia entre Tu Presencia y mi corazón, pongo mi corazón cerca de Tu Sagrario en cada Iglesia y Te rindo adoración y amor. Ten piedad de los pobres pecadores, salva sus almas de los engaños del Enemigo, ilumina sus mentes y dales fuerza para superar su debilidad.

(Si puede, el Encargado lee el Evangelio o reza el Rosario, lee un libro espiritual o las oraciones de la novena).

ORACIÓN FINAL

"Jesús, Señor mío, perdona la negligencia de tantos. No Te conocen como deberían. Ofrezco Tu Preciosa Sangre en Reparación por los pecados del mundo. Ilumina nuestras mentes y envía Tu Espíritu a nuestros Corazones".

Centinela en Guardia (Adolescentes)

(El Centinela se arrodilla frente al tabernáculo y permanece arrodillado durante lo que sigue).

ORACIÓN

"Me arrodillo ante Tí, Señor Jesús, para consolarte en tu dolor, para alabar tu humildad en esta Hostia y para magnificar Tu Santo Nombre".

Ponte de pie ante Jesús, confiesa tus faltas, pide ser como Él, expresa todos los deseos de tu corazón. No le ocultes nada, por pequeño e insignificante que sea. (El Centinela puede desear cantar una canción o tocar un instrumento ante el Señor).

(Lectura de las Escrituras durante 5 minutos).

ORACIÓN FINAL

"Jesús mío, he alimentado mi alma con Tu presencia y Tu palabra. Que Tu gracia me mantenga siempre en guardia contra el Enemigo. Guíame por Tus caminos, moldéame a Tu imagen y permíteme ser Tú para mi prójimo. Ten piedad de los pecadores y bendice a mi familia, amigos y nación. Alabado sea Tu Santo Nombre.

Joven Centinela (Escuela Primaria)

(El Joven Centinela se pone de pie ante el tabernáculo, hace una profunda reverencia y luego se mantiene erguido mientras recita lo siguiente).

ORACIÓN

"San Miguel, guerrero de Dios, acompáñame mientras estoy ante la Presencia de Jesús. Deja que el amor de Jesús me llene de asombro y me dé el valor para defender Su causa ante el mundo".

(Durante al menos 5 minutos el Centinela habla en silencio con Jesús sobre los estudios, los amigos, la familia, los juegos y cualquier otro tema de interés para el Centinela).

ORACIÓN FINAL

"Te alabo, Jesús, y Te agradezco Tu presencia en la Eucaristía. Eres mi amigo más querido y confío a Tu cuidado mi vida, mi familia y el mundo entero. Eres un Dios maravilloso, lleno de amor y alegría, y quiero ser como Tú. Hazme bondadoso y permíteme estar lleno de alegría para poder

cambiar el mundo y hacer de él un lugar mejor para vivir. Te quiero, Jesús".

(El Centinela vuelve a hacer una profunda reverencia, se gira y se va).

¿POR QUÉ TE ALEJAS?

Si un día Jesús hablara con voz audible desde el tabernáculo de alguna iglesia católica del centro de la ciudad, ¿Qué diría? ¿Sería una voz estruendosa para que todos la oyeran? Lo más probable es que fuera una Voz apenas audible por el dolor de Su Corazón y las lágrimas de Sus Ojos.

¿Qué tipo de dolor podría hacer llorar a Dios? ¿Qué dolor tan profundo que Su poder no pudiera, o quizás no quisiera, aliviar? ¿Quién hay en todo este ancho mundo tan precioso para Él que Su anhelante corazón anhele ver? ¿La voz de quién Él anhela escuchar? ¿Los pasos de quién espera que un día lleguen a Sus Oídos?

¿Quién es esa persona a la que Él busca cada momento de cada día, buscando siempre esa figura familiar? ¿Quién puede ser esa persona especial?

¿Es ésta la persona que se perdona a sí mismo diciendo: "No necesito ir a la Iglesia. Yo cumplo con los Mandamientos (excepto, por supuesto, con el de "Santificar el Sábado"). Veo que la gente va a la Iglesia todos los domingos y miente y engaña toda la semana". ¡Qué inteligente es este engaño! Hace que uno se sienta justificado, tan bueno sin la ayuda de Dios, tan perfecto, tan contento de que "no soy como el resto de los hombres". Qué fácil es olvidar que Dios ama a cada alma como si no existiera nadie más. Él creó cada alma con el mayor cuidado, vela por ella, la protege y la guía, sacando el bien de cada mal que le ocurre. Un día, cuando llame a esa alma para que vea lo que ha hecho con tantos regalos de un Dios tan amoroso, estará sola ante su Creador, mostrando el fruto que ha dado sin excusas, sin quejas, sin argumentos. Dios y un alma, solos. ¿Qué diferencia tendrán las acciones, la hipocresía o el engaño de los demás? Esa alma individual estará mirando a Jesús y se dará cuenta de lo mucho que fue amada por Él durante su vida en cada uno. ¿No deseará con toda su alma haber adorado a un Señor tan amoroso? Ahora se da cuenta de que ir a Misa los domingos prepara al alma para este encuentro personal. La Misa lo hace de una manera tranquila mientras el alma escucha Su Palabra, se arrodilla al pie de la Cruz para ser tocada con una gota purificadora de Su preciosa Sangre, participando de Su Cuerpo y Sangre como alimento para las batallas de la semana que viene y alabando Su Misericordia mientras Su Bendición le da paz. Sí, nuestras almas se fortalecen Domingo tras Domingo para que puedan ver la Gloria de Su Majestuosa Presencia en el momento de la muerte. Ese momento no debe encontrarnos desprevenidos. Cuán importante es asistir a ese Sacrificio, alabar a ese Señor, arrepentirnos de nuestros pecados, adorar Su divinidad en la Hostia, agradecerle Su Bondad. ¡Qué triste es el alma que piensa que no necesita tantas cosas buenas!

ESCRITURA

"En verdad les digo que si no comen la Carne del Hijo del Hombre y no beben Su Sangre, no tienen vida en ustedes" (Juan 6: 53).

Quizás hay otra alma que Jesús está buscando. ¿Es el que dice que dejó la Iglesia porque no cree en la Confesión? Dice que no confesará sus pecados a un hombre, a otro pecador como él. Pero, ¿Es ésto cierto? ¿Cuántas personas, amigos y desconocidos, ven ya sus pecados? Las personas en las que él ha confiado, los vecinos y los familiares ven sus debilidades. Su familia a menudo sufre por esas debilidades. Se supone que estas personas deben perdonarle "setenta veces siete", pero

¿Lo hacen (Mateo 18:22)? Cuando le perdonan, ¿Posee él alguna vez esa perfecta paz mental y de corazón que le hace sentirse de nuevo amado por aquellos a los que él ha ofendido? ¿Está él seguro de que no hay resentimientos en sus corazones? ¿Perdonan y olvidan? Sobre todo, ¿Cómo obtiene fuerzas para continuar su lucha por ser bueno? Si él no está seguro del perdón de las personas que ve, ¿Cómo puede estar seguro del perdón del Dios que él no ve? ¡Cuánto más necesita la seguridad de Él! ¡Cuánto necesita Su gracia para hacerlo mejor la próxima vez! ¡Cuánto necesita oír con sus oídos físicos que Dios le ha perdonado de verdad! Cuánto necesita la paz y la alegría que viene de las palabras: "Yo te absuelvo de todos tus pecados". Sí, un sacerdote ordenado, con el poder dado por Dios, perdona, no en su propio nombre, sino en el nombre del Padre, del Hijo y del Espíritu Santo.

Independientemente de su condición de pecador, la fuente del poder dentro de él viene de fuera: directamente de Dios, la sede de la misericordia infinita. El Dios que nos creó se inclina hacia nuestras limitaciones. Puesto que pecamos con nuestros sentidos, mente y corazón, es a través de nuestros sentidos, mente y corazón que Su perdón fluye como agua fresca y pura. Escuchamos las palabras de perdón y nuestros sentidos se calman. Nos sentimos limpios y nuestro corazón se fortalece, nuestra mente se vacía de miedos y resentimientos, y estamos en paz. Qué equivocados estamos al pensar que no necesitamos el signo externo del perdón que nos viene de Dios a través de Su sacerdote. ¿Tendremos que decir incluso a la luz de la eternidad: "Verdaderamente éste era Dios y yo no lo sabía"?

ESCRITURA

"Como el Padre me envío a Mí, así los envío Yo también". Después de decir esto, sopló sobre ellos y dijo: "Reciban el Espíritu Santo: a quienes descarguen de sus pecados, serán liberados, y a quienes se los retengan, les serán retenidos." (Juan 20: 21-23).

¿Quién puede medir la profundidad del anhelo en el corazón de Jesús mientras espera a esa alma especial que fue alejada de Él por el escándalo? ¿No es esto un doble dolor para Su Corazón? Aquellos a los que Él mostró un amor especial, llamados al sacerdocio o a la vida religiosa, sucumben al mundo, violan sus votos, desprecian la vida espiritual y se enfrascan en la autocomplacencia. ¿Un motivo de escándalo? Sí. ¿Un motivo de escándalo? No. Si un alma permite que la vida de los demás influya en su propia conducta y en su amor a Dios, entonces esa alma es una "caña agitada por el viento": la Voluntad de esa alma es tan débil como la Voluntad de los que le causan escándalo. El grado de degradación puede ser diferente, pero la tibieza es la misma. El alma sucumbe al mal ejemplo, pues sólo piensa en sí misma. El alma no ama a Dios, sino que ama la seguridad que encuentra en los hombres y mujeres fervientes y religiosos. Cuando esa seguridad desapareció, el alma se desmoronó; le quitaron su muleta. No poseía un Señor Salvador, sino sólo un ídolo con pies de barro. Esto no es difícil de comprobar, porque el que ama de verdad no se preocupa de sus propios sentimientos, sino sólo de los del ser que ama. Cuando un alma ferviente ve bajas en las filas del Ejército de Dios, sangra por Jesús. Busca compensarlo con más oración, más amor, más aprecio por los Sacramentos y una vida espiritual más profunda.

Esta alma tiene el suficiente autoconocimiento para darse cuenta de que, si no fuera por la gracia de Dios, podría y le iría peor, en circunstancias similares. Sí, cuando alguien a quién amas profundamente está aplastado bajo el peso de la decepción, no añades esa carga. No añadas pena a la pena, ni tibieza a la tibieza. Te esfuerzas por confortar el corazón roto mediante el compañerismo y el amor. Te esfuerzas por aliviar al herido, aplicando el aceite de la oración y la venda de la compasión. Infligirse heridas a uno mismo porque otros han caído en la batalla es una locura.

Jesús ha prometido estar con los que Le aman todos los días de su vida. Él no nos deja huérfanos. El Divino Pastor de Almas nunca deja a Sus ovejas expuestas a los lobos. Por eso la Misa, nuestra fuente de santidad, es totalmente independiente de la santidad de quién la celebra. Si un sacerdote tiene la desgracia de ser fuente de escándalo, el alma de la persona en el banco, no se ve privada de ninguna gracia. Jesús obedece el mandato de un sacerdote indigno y transforma el pan y el vino en su Cuerpo y su Sangre. ¡Qué humildad y qué amor! Qué tristeza si falta un alma para consolar Su Corazón Sangrante. ¿Por qué infligimos dolor sobre dolor y lo llamamos justo y correcto? ¿Pensamos que el milagro de la Misa está a merced de los hombres? ¿Pensamos que Su amor por nosotros se enciende y se apaga por las disposiciones de Sus criaturas? Su amor por cada alma es tan grande, que ni todo el pecado ni los pecadores del mundo entero pueden interferir con ese amor. Sí, Él sufrirá la orden de un mal sacerdote para darle Su Cuerpo y Su Sangre. Él soportará los pecados de un hijo débil para levantar Su Mano en absolución para perdonar tus pecados. ¿Por qué no estás ahí?

ESCRITURA

"No reprendas con dureza al anciano; al contrario, acon-
séjalo como si fuera tu padre; trata a los jóvenes como
a hermanos; a las mujeres mayores como a madres y
a las jóvenes, con gran pureza, como a hermanas ".(1
Timoteo 5: 1-2).

¿Es posible que Él busque a quién le ha dado una experiencia
de Su amor, un carisma, un nuevo conocimiento de Sí mismo?
¿Cómo es posible que los que reciben dones se olviden del Dador
y sigan corriendo detrás de más dones? ¿Existe la posibilidad de
que aquellos a los que Él ha dado el vino de Su consuelo se hayan
convertido en alcohólicos espirituales? Es una afirmación dura,
pero qué se puede pensar cuando los que encuentran a Jesús
dejan Su Presencia en la Eucaristía, su Iglesia y sus Sacramentos,
para correr tras un encuentro emocional en el que la cruz se
convierte en un sin sentido y el sufrimiento en un escollo!

La excusa de que ellos carecen de liderazgo espiritual y
no se alimentan, es un insulto a Dios. ¿Puede ser que un Dios
que Se humilla para habitar en una hostia para ser nuestro
alimento, no sea suficiente? ¿O, acaso perdieron su fe mientras
cantaban sus himnos de alabanza a su recién descubierto

Jesús? ¿Quién puede decir que el sacrificio del Calvario no es suficiente para alimentar nuestras almas? El Calvario no es un lugar fácil, pero ¿No experimentamos la Resurrección en la Comunión? Sí, la Misa es la proclamación realista de su Muerte y Resurrección para que nuestra vida cotidiana esté en perfecta armonía con la Suya. Ningún sermón, por elocuente que sea, ninguna experiencia emocional, ningún carisma o dones pueden compararse con la gracia que recibimos en una Misa o en la recepción de una Comunión. Uno se pregunta, en efecto, ¿Qué clase de espíritu aparta el alma de Jesús, de su Madre, de sus Sacramentos y de su Iglesia? ¿Qué clase de experiencia vale la pérdida de todo esto?

ESCRITURA

"Pues llegará un tiempo en que los hombres ya no soportarán la sana doctrina, sino que se buscarán maestros según sus inclinaciones, hábiles en captar su atención; cerrarán los oídos a la verdad y se volverán hacia puros cuentos". (2 Timoteo 4: 3-4).

De todas las almas que busca Jesús, quizá la más difícil de alcanzar es la que es tibia. La Misa la da por hecho. No es ferviente cuando está presente, y tampoco le remuerde la conciencia cuando no está presente. Nunca hace algo lo suficientemente malo como para remover su conciencia, por lo cual no busca la misericordia de Dios. Nunca siente un vacío en su corazón que clame a Dios por ayuda. Su vida está llena de pecados de omisión, las cosas buenas que nunca hace, las faltas que nunca supera. Su alma es cómoda y complaciente y por eso nunca busca a Dios fuera de la estricta obligación y eso a un nivel mínimo. Se confunde la desgana espiritual con la serenidad. Si él fuera frío y duro de corazón, al menos podría establecer una comparación entre él y Dios, pero, como él es así, su alma no tiene con quién compararse. Tiene tanta gracia como desea, sin preocuparse por un aumento, ni por una disminución. Sus oraciones carecen de fervor, su arrepentimiento es superficial. Para él, una iglesia es tan buena como otra, todas las creencias son iguales, toda la doctrina es verdadera. En su mente todos los hombres adoran al mismo Dios, por lo que importa poco cómo, cuándo o dónde. Como el concepto de cielo es un poco impreciso y su idea del infierno insegura, se esfuerza por no ser ni bueno ni malo. Podemos estar seguros de que Dios lo buscará, lo seguirá y tratará de inspirarlo, pero la pregunta sigue siendo, ¿esa alma desea ser atrapada por Él?

ESCRITURA

"Conozco tus obras: no eres ni frío ni caliente. ¡Ojalá fueras frío o caliente! Pero, porque eres tibio y no frío o caliente, voy a vomitarte de mi boca... Yo reprendo y corrijo a los que amo. Vamos, anímate y conviértete.... Mira que estoy a la puerta y llamo: si uno escucha Mi Voz y Me abre, entraré en su casa y comeré con él y él Conmigo". (Ap.3:15-16; 19 y20)

En drástico contraste con el alma tibia, está la que Jesús busca con gran anhelo: la que está separada de Su Iglesia y de Sus Sacramentos por una u otra razón. A menudo hay un anhelo también por parte del alma: un anhelo de recibir el Cuerpo y la Sangre de Jesús, de arrodillarse y escuchar esas palabras de absolución, pero las circunstancias, los errores del pasado y las situaciones que no pueden cambiarse, atrapan al alma en una tierra de nadie: a la deriva, anhelando, anhelando, a veces rebelde, otras veces resentida. A veces es sólo la falta de valor y de confianza en Su Providencia, una falta de determinación para preferir a Jesús sobre todas las cosas, lo que mantiene al alma en un estado de pecado. ¿Qué clase de beneficio es comparable a la agonía de la mente y el corazón de esa alma? Hay otras almas desgarradas por sus propias debilidades y circunstancias que las atrapan en un círculo vicioso. Estas almas deben recordar que aunque su amor por Dios es débil, en la medida en que se han preferido a sí mismas a Él, todavía conservan la Fe y la Esperanza. Deben seguir rezando y confiando, y de alguna manera Dios les ayudará. Pueden ir a visitar a Jesús en el Santísimo Sacramento presente en sus Iglesias y pedirle valor para hacer las cosas que pueden y deben hacerse. Que se sienten en el Trono del amor y la misericordia y se pongan a Sus pies para que la brecha entre ellos comience a ser sanada y corregida. Que se arrodillen en el Calvario durante la Misa y coloquen sus corazones rotos en la patena mientras esperan el día en que a ellos también se les permita recibir el Cuerpo y la Sangre Divinos de Jesús.

ESCRITURA

"Vengan a Mí los que van cansados, llevando pesadas cargas, y Yo los aliviaré". (Mateo 11:28).

Hay otras almas que el Corazón de Jesús anhela, y son aquellas cuya presencia está ante Él cada domingo, pero cuyos corazones están llenos de ira y resentimiento. Algunas de estas almas quieren destruir todo lo que había y empezar de nuevo, mientras que otras desean quedarse quietas y no cambiar nunca. Algunos han perdido la fe y asisten a Misa por respeto humano o para complacer a sus seres queridos. Algunos buscan destruir la verdad, abogando por medias verdades, mientras que otros rechazan una nueva luz sobre viejas verdades. En definitiva, ¿Cuántos están ahí, sólo para estar al pie de la Cruz? ¿Cuántos buscan alabar y agradecer Su Presencia Eucarística? ¿Cuántos piensan en Él, Le aman y están allí sólo por Su honor y Su gloria? ¿Cuántos se ofrecen con Él por la salvación del prójimo? ¿Cuántos dicen: "Te amo, Jesús. Anhelo Tu Presencia en la Santa Comunión. Yo anhelo ser como Tú en mi vida diaria. Ayúdame, Jesús, a darme a mí mismo, mis talentos, mi tiempo y mi amor al prójimo como Tú lo hiciste y lo haces en esta Eucaristía".

Alguno de nosotros ¿Pensamos en la Cabeza sangrante de Jesús cuando vamos por nuestros propios caminos? ¿Estamos realmente trabajando para Su Gloria cuando destrozamos a su Iglesia? Unámonos todos, olvidemos nuestras diferencias, dejemos las armas y levantemos los brazos en oración y súplica. Construyamos la Iglesia y no la destruyamos. Démosle la alegría de ver a Sus hijos con un solo corazón y una sola alma.

El Matrimonio

El Sacramento Vivo: El Matrimonio

Un sacramento es un signo visible de una realidad invisible. El Matrimonio es un sacramento, y como tal es un signo para el mundo del Dios invisible que vive en medio de nosotros: el Dios vivo que da fruto en la vida de dos personas. Son un signo continuo de Su Poder en el mundo. Hay una gracia y un poder especiales en cada pareja que Dios ha unido. Todo lo que hacen individualmente o juntos, es una vivencia de su sacramento. Cosas sencillas como fregar los platos, hacer funcionar una barredora, conducir hasta el trabajo, luchar para ganarse la vida, presupuestar un pequeño salario para hacer frente a grandes gastos... sí, éstas y todas las demás facetas de la vida en común tienen un poder oculto en ellas para hacerlas santas. La vida conyugal es el terreno de la santidad; el amor es la semilla plantada por Dios. La vida en común, con sus agonías y alegrías, dolores y sacrificios, frustraciones y tensiones, momentos de exultación y desesperación, actúan como la lluvia y el sol, los truenos y los relámpagos sobre un joven brote.

Los defectos y debilidades de cada uno se compensan con las virtudes del otro. Cada uno posee lo que al otro le falta. Esto resulta en una dependencia amorosa del otro para el crecimiento y la transformación espiritual. Si una pareja casada puede formar el hábito de mirarse mutuamente de manera sacramental, viendo la belleza de Dios en las almas de cada uno, buscando realzar esa belleza edificando al otro, creciendo mutuamente en la imagen de Jesús, entonces ese Sacramento del Matrimonio lleva el sello del Dios vivo.

Los temperamentos que podrían crear muchos problemas se ven como peldaños hacia la santidad, herramientas en sus manos que desmenuzan el egoísmo, la sensibilidad, la ira, los celos y la codicia. Cuando el crecimiento personal en el autoconocimiento lleva a "revestirse de Jesús" (Romanos 13:14), la vida matrimonial cumple el propósito para la que fue creada.

Cuando el crecimiento en la imagen de Jesús es la meta de una pareja joven, las faltas e imperfecciones que pronto empiezan a surgir se utilizan para construir y no para destruir. Si uno de los miembros de la pareja es gentil y el otro tiene un temperamento fuerte, es obvio que cada uno posee lo que el otro necesita. Por ejemplo, uno cuyo temperamento es de corta duración, tiene ante sí un ejemplo vivo de la mansedumbre de Jesús. Si esa mansedumbre se considera un fruto que es bueno poseer, entonces cada miembro de la pareja ayudará al otro en su mutua ascensión hacia Dios. Las diferencias de temperamento pueden ser incompatibles en un tribunal de divorcio, pero ante Dios, esas diferencias son herramientas que moldean y remodelan el alma del otro a la imagen de Dios.

La vida familiar es la columna vertebral de la humanidad, y esa vida depende del dar, compartir y recibir mutuamente. Implica el uso adecuado de los éxitos y fracasos de cada uno para la construcción mutua. La fase de construcción de cualquier edificio no es hermosa, pero sin ella, no es posible ningún edificio permanente. Los trozos de madera y las cajas de clavos están muy lejos de un hermoso armario terminado, pero esos trozos de madera son el armario, y esos ladrillos sueltos, unidos entre sí, son el edificio. Lo mismo ocurre con una pareja casada: las frustraciones cotidianas, los defectos, las preocupaciones y las tensiones, los éxitos y los fracasos, conforman y construyen ese hermoso edificio de la vida familiar. Aunque todo parezca infructuoso y sin propósito; aunque la resistencia del día a día logre atarnos a una vida monótona; aunque el aburrimiento se apodere de nuestros corazones con una mano helada; la Providencia de Dios cuenta cada lágrima, recoge cada trozo y lava cada fracaso. Podemos pensar que todo está perdido, o que hemos fracasado, pero si pudiéramos vernos en Sus Ojos, veríamos la sabiduría de Su Voluntad. Si cooperáramos con Él y tratáramos de sacar el bien de todo mal, seríamos más conscientes de que nuestra alma está cambiando, de que nuestra fe se está fortaleciendo, de que nuestra esperanza es más segura y de que nuestro amor se está profundizando. Veríamos que el Espíritu actúa en todas las facetas de la vida, aunque sean muy dolorosas.

Este Sacramento Vivo debe ser mirado con un sentido de devoción por el otro y por el sacramento. Los Matrimonios deben recurrir a la fuerza del Sacramento cuando surgen dificultades. Todo sacerdote entiende que su Ordenación le confirió varios poderes para sanar y ser sanado, para desatar y atar, para consagrar y ofrecer sacrificio. No importa qué dificultades surjan, estos poderes son suyos, y a medida que se vuelve más y más consciente de estos poderes dados por Dios, su Fe aumenta, porque Dios está trabajando a través de él. Está viviendo el Sacramento de la Ordenación. Todo lo que hace aumenta la imagen de Jesús en su alma. Es el instrumento de Dios, Su embajador en el mundo. Lo mismo ocurre con el Matrimonio. En este Sacramento de la vida cotidiana se esconde un poder especial. Este poder permite a dos personas vivir amorosamente juntas, para traer a este mundo otros seres humanos hechos a la Imagen de Dios. Como el sacerdote, por el poder de su Ordenación, ofrece un trozo de pan y dice: "Esto es Mi Cuerpo", así una pareja casada, por el poder de su Sacramento Vivo, mira a un niño, fruto del amor, y dice: "Este es nuestro cuerpo, este es Su Templo".

Debe haber en la vida de cada pareja casada una continua construcción del Sacramento. Puesto que un Sacramento nos trae la Presencia de Dios de una manera especial, esta Presencia en su Sacramento debería ser una experiencia de vida contínua. Deben colocarse diariamente en esta impresionante Presencia poniéndose ante Dios en un encuentro diario de amor y necesidad. Si una pareja casada comenzara su día tomada de la mano y se colocara silenciosamente ante Su Presencia, tomara conciencia de esa Presencia a su alrededor y dentro de ellos, absorbiera las hermosas cualidades de Dios de las que se sienten necesitados, pidiera Su bendición para su nuevo día, y luego hiciera la Señal de la Cruz en la frente del otro como signo de unción, ese día comenzaría en Su Amor, y ese amor, más fuerte que la muerte, los sostendría pase lo que pase.

La oración y la Presencia de Dios son necesarias para la vivencia fructífera de todo estado de vida, pero ¡cuánto más en aquellos estados que son en sí mismos un Sacramento! Cuando empezamos a vivir a la sombra de nuestra propia presencia, nuestro mundo se empequeñece, nuestros puntos de vista se estrechan y nuestras actitudes son intensamente egocéntricas. Todo y todos los que nos rodean nos sacuden los nervios y nos ponen los dientes de punta. No es siempre así porque la vida sea imposible, sino porque nuestras actitudes y egoísmos estrechan nuestras perspectivas, y nuestro dolor se concentra en el pequeño ámbito de nuestro mundo privado. Esa intensidad hace que la vida sea insoportable, que el futuro sea sombrío y que el pasado sea un fracaso total. Cualquier pareja con estas actitudes, no puede ver el bien en nada de lo que le ocurre, y mucho menos nada bueno en el otro. Las excusas para el odio, el adulterio, la frialdad y la indiferencia abundan y se racionalizan porque la miseria que sienten parece muy real e inevitable. La verdad es que es real, pero es algo que se puede evitar y utilizar como peldaños en la escalera de la santidad.

Una vez que nos damos cuenta de que las fragilidades humanas nos dan la oportunidad de elegir entre actuar como nosotros mismos o actuar como Jesús en cualquier situación, empezamos a ver la necesidad de responder con amor en lugar de reaccionar con ira descontrolada.

Las virtudes de la paciencia, el amor, la mansedumbre, la fortaleza, la fidelidad, la confianza y el autocontrol no son fáciles de adquirir si no es por el poder del Espíritu que vive en nosotros. Son virtudes de "decisión", producto de nuestra voluntad que elige ser lo contrario de cualquier sentimiento malo que surja en nuestro interior. Cuando tenemos que luchar a diario contra las tendencias malignas de nuestro interior, nuestra alma se cansa del esfuerzo, nuestra voluntad flaquea y nuestra determinación se debilita. La perseverancia se hace difícil, y la realidad de esta lucha que se prolonga durante años paraliza nuestra alma en la inercia espiritual.

¿Cómo puede un alma alcanzar la paz y la alegría y todo lo que anhela ser a menos que esa alma se coloque dentro de la Presencia que siempre rodea y penetra su ser? Desconocer sistemáticamente esa Presencia es ser un cubo de hielo en medio del fuego. Una vez que el alma se rinde a esa Presencia como alguien que está necesitado de todo, comienza a absorber las hermosas cualidades de esa Presencia Divina. Los defectos, las debilidades y los choques de temperamento comienzan a derretirse. Las causas de la raíz quedan expuestas y se cortan, dejando espacio para un nuevo crecimiento saludable.

En cada Sacramento está la Presencia de Dios. Este Sacramento Vivo del Matrimonio debe encontrar su fuente en la fuente de Agua Viva, la Presencia Divina, si quiere manifestar esa Presencia al mundo. Un matrimonio, en Jesús, es un testimonio real del poder de Dios en medio de nosotros. Es un ejemplo concreto de la vida de la Trinidad.

Como el Padre Eterno, el hombre es la cabeza de la unidad familiar. Es el protector y el proveedor de esa familia. Tiene en su interior la semilla de la vida. Sus obligaciones para con su familia exigen que dé y reciba. Al cooperar él con el Padre, ejerce el poder que hay en él de traer nueva vida al mundo. Toma los elementos espirituales de esa vida y la guía de palabra y obra hacia el Padre de todos. Debe ser compasivo, misericordioso y comprensivo. Las vidas que están bajo su cuidado deben ser conducidas, no empujadas hacia el Reino. Su protección debe ser templada por su discernimiento para que aquellos bajo su cuidado puedan florecer lentamente y tomar el sabor completo de la santidad. Él ha de corregir con dulzura, midiendo el castigo con la vara de la compasión y no con la ira personal. Su actitud hacia su pareja debe ser la de un "compañero". El libro del Génesis nos dice que Dios dijo que no era bueno que el hombre viviera solo y por eso le dio una "compañera", alguien en quien pudiera confiar, ayudarle a tomar decisiones, consolarle, amarle y ser como uno con él (Génesis 2: 18). No se trata de que uno sea superior y el otro inferior, sino de la armonía de dos individuos que viven como uno y desempeñan sus diferentes funciones como uno solo. Estos papeles encajan y sólo se completan cuando ambos son fieles a la parte que les ha dado el Padre. Estos papeles no pueden intercambiarse, porque ninguno posee las cualidades, las disposiciones, el poder o el temperamento del otro. Cada uno posee esas cualidades especiales dadas por Dios para desempeñar su papel específico de construirse mutuamente en ese único templo desde el que reina el Señor Dios.

La mujer es un vínculo amable y amoroso que alienta, consuela, construye, reconcilia y hace que todas las cosas sean nuevas y vibrantes. La mujer es fuerza en tiempo de sufrimiento, valiente en el fracaso, intuitiva en tiempo de peligro. La mujer es ingeniosa cuando todo falla, ingeniosa en tiempos de necesidad y una verdadera compañera del hombre.

El hombre es fuerte de cuerpo, agudo de mente, práctico e inventivo. Es protector y reconfortante, lleno de seguridad, confianza y autoconocimiento con habilidades especiales para proveer y cuidar a su familia. Un hombre necesita a alguien que aprecie su capacidad, que le escuche y que le oiga. Qué solo estaría sin esas cualidades especiales que le da su compañera, la mujer.

Podemos ver que, desde que Dios ha diseñado el Matrimonio como un Sacramento, los que se unen poseen cualidades únicas y personales que cada uno debe compartir y ayudar a transformar a niveles sobrenaturales en el otro. Esa Presencia invisible que los une debe hacerse visible por su amor mutuo, su vida familiar, su crecimiento en santidad, su preocupación por las necesidades de los demás, su fidelidad y su perseverancia en el bien cotidiano.

La Trinidad que hace crecer su amor mutuo, comienza a manifestarse en cada una de las Personas Divinas en la unidad familiar. El Padre Eterno se manifiesta en las crecientes cualidades de compasión y misericordia a medida que el hombre absorbe lentamente las cualidades de dulzura y comprensión visibles en la mujer. Jesús se manifiesta en las crecientes cualidades de humildad y mansedumbre a medida que la mujer absorbe lentamente las cualidades de fuerza y autoconocimiento del hombre. Su creciente amor mutuo produce imágenes de sí mismos en los hijos, y así se completa el círculo familiar: el signo visible de la Trinidad invisible.

El conocimiento que el Padre Eterno tiene de sí mismo es el Hijo, y el amor que procede de ambos es el Espíritu Santo. A su vez, en la unidad familiar, el hombre manifiesta las cualidades del Padre y la mujer las de Jesús. Los hijos, al proceder del amor, manifiestan el Espíritu. Cada uno es distinto, aunque todos son uno. Cada uno tiene cualidades del alma que el otro necesita. Cada uno comparte las cualidades del otro, y así se transforma más en su modelo: la Trinidad Eterna.

Aunque los que viven este Sacramento se queden cortos, que tengan siempre presente las alturas de su vocación: la llamada a la santidad y los designios del Padre al unirlos y hacerlos uno.

Los hijos de una pareja así se convierten en una fuente de amor y plenitud. Tienen el poder de sacar de padre y madre cualidades ocultas que nunca se manifestarían sin ellos. Los padres ejercen su papel en un grado superior al formar, educar y enseñar a sus hijos. La compasión y la comprensión del padre crecen en grado y calidad a medida que se presentan las oportunidades. La mujer se convierte en un vínculo de unidad y en un medio de reconciliación. Comienza a practicar esas cualidades internas de bondad y amor nunca antes manifestadas. Un nuevo espíritu de sacrificio surge a medida que su papel en la familia se ve reforzado. Al entregarse mutuamente al fruto de su amor, éste crece. El amor aumenta cuando el dolor y el sacrificio, aceptados alegremente, son soportados con Fe y Esperanza. Cualquier tipo de egoísmo que se manifestara en este momento de la vida de la pareja deformaría su Matrimonio, disminuiría su amor mutuo y crearía tensiones. Cuando las posesiones y el placer ocupan el lugar de los hijos, el fuego del amor se enfría. El amor engendra amor, y cuando se impide que el amor se dé a sí mismo, la naturaleza humana toma el control y la vida se convierte en una prueba de resistencia, una persecución salvaje de placeres fugaces, placeres que simplemente distraen de las obligaciones y los deberes de uno en este estado de vida.

Puesto que el Matrimonio es un sacramento del cual la pareja recibe la fuente misma del amor, Dios, no puede ser un sacramento vivo si el amor se corta deliberadamente. Sólo queda el aspecto obligatorio del sacramento, y una pareja así pronto empieza a sentir sólo la apretada presión de esas cuerdas indisolubles. La decisión deliberada de ser egoísta en cualquier estado de vida ya sea casado, soltero o religioso, trae estragos. Aunque la vida de soltero o la vida religiosa no son Sacramentos en sí mismos, los que están en estos estados reciben otros Sacramentos y los principios de vida aplicados al Matrimonio se aplican igualmente a estos otros estados.

Toda nuestra vida fue creada por el Amor para que podamos elegir ser amor. La fe y la esperanza construyen el amor y si permitimos que esas virtudes disminuyan por elecciones egoístas, nos alejamos de la fuente de todo calor, bondad, amabilidad y alegría. En lugar de ver la mano de Dios en el momento presente, sólo vemos personas y cosas, y la Fe disminuye. En lugar de ver a Dios sacando el bien de todo nuestro dolor, frustración y angustia, sólo vemos malas intenciones, y perdemos la Esperanza y la Alegría. En este tipo de ambiente es difícil, si no imposible, que el amor crezca.

Para asegurarnos de este crecimiento es indispensable la recepción frecuente de la Eucaristía, la Presencia Real del Amor, y el sacramento sanador de la Reconciliación. Sin Él no podemos ascender a las alturas de la santidad. Sin el bálsamo sanador de la Absolución no podemos mantener un impulso constante hacia la virtud y el bien.

Si estos dos Sacramentos, la Eucaristía y la Reconciliación, son parte integrante de la vida de los esposos, el Sacramento del Matrimonio que poseen hará de ellos una Hostia: un cuerpo unido a Su Cuerpo, un Amor unido a Su Amor, uno en mutuo perdón al ser los destinatarios de Su perdón. Su Sacramento será vivo y se alimentará de la fuente inagotable de amor: Dios.

LA CONFESIÓN

Barriendo el Templo

Dios nos ha creado para ser santos. En nuestros esfuerzos diarios hacia ese fin encontramos dentro de nosotros varias actitudes y motivos que son obstáculos para llegar a ese estado santo.

Muchos Cristianos se esfuerzan por una forma de bondad que está al borde del pecado y la tibieza. No desobedecen los mandamientos, pero tampoco cambian sus vidas. Cada confesión es básicamente una repetición de otra confesión. Cada día de prueba trae más frustraciones. Cada angustia lleva a nuevas formas de amargura.

Para muchos Cristianos, la oración es dirigida a Dios en lugar de honrar a Dios. El cristianismo se convierte únicamente en una religión y en un vehículo mediante el cual calman sus conciencias o solicitan al Ser Supremo las necesidades diarias. Hay una separación, un gran abismo entre ellos y Dios. Es casi como un gran abismo sobre el que uno grita pidiendo ayuda con la esperanza de que un Ser invisible al otro lado pueda estar escuchando.

Demasiados de nosotros vivimos toda nuestra vida en una especie de utopía espiritual, un mundo de ensueño de metas olvidadas, perfecciones imaginadas y debilidades cubiertas. Ponemos cortinas de humo a nuestros pecados y los racionalizamos hasta el punto de que no le debemos a Dios ni a nuestro prójimo ninguna señal de arrepentimiento.

La Voluntad de Dios se vuelve tan oscura que, una niebla densa, es como un día claro en comparación con lo que Él quiere y lo que creemos que Él quiere. En esta etapa clamamos por la Voluntad de Dios en nuestras vidas, pero nuestras ideas preconcebidas de Dios, la bondad, la perfección y la santidad se interponen entre nosotros y Dios como el muro de un castillo medieval. Nos congelamos y temblamos por el frío de la soledad frustrada, buscando el calor que emana del fuego de Su voluntad amorosa. Desgraciadamente, nuestra falta de autoconocimiento actúa como una bola y una cadena que apenas nos deja espacio para acercarnos al Fuego. Nuestros deseos de ser mejores evitan que nos congelemos, pero nuestra falta de valor para vernos tal como somos, planta nuestras raíces firmemente en la tierra de las metas no realizadas. Nos quedamos quietos, temerosos de lo que somos, desesperados por ser mejores, pero petrificados ante los sacrificios que hay que hacer para ser mejores. Estamos, pues, empujados hacia adelante por los deseos y arrastrados hacia atrás por los miedos. Sólo probamos unas gotas de agua viva.

Jesús prometió a la Samaritana en el pozo que los que bebieran el agua que Él ofrecía, no volverían a tener sed. Ciertamente, no se refería a la sed del alma por Dios, pues ésta es necesaria para crecer en Su amor. La sed que finalmente sería saciada para la mujer Samaritana, era su necesidad de conocerse a sí misma, de admitir su culpa, admitir su responsabilidad personal y de arrepentirse.

Cuando Jesús le pidió que llamara a su marido, ella comenzó con una verdad a medias. Admitió que no tenía ninguno, pero no mencionó su vida con un hombre que no era su marido. Tampoco le dijo a Jesús que había estado casada cinco veces. Jesús quiso liberarla de esa conciencia que la carcomía y que no le daba paz y de ese sentimiento de culpa que la llevaba de un exceso a otro.

El agua de Su gracia se derramó en su alma, la hizo admitir sus debilidades mientras Jesús procedía a decirle todos sus pecados. Se sintió tan aliviada que corrió por el pueblo contándole a la gente sobre el Hombre que le dijo todo lo que ella había hecho, le perdonó sus pecados y le dio una alegría que tenía que compartir con todos. Había encontrado a Dios: ya no estaría seca por falta de agua de honestidad espiritual.

La mayoría de nosotros nunca ha alcanzado esa etapa de integridad, visión clara y discernimiento humilde que repararía nuestra necesidad de arrepentimiento.

No poseemos suficiente del Espíritu de Jesús para mantener nuestra capacidad de amor y santidad continuamente llena y en continuo crecimiento. Sabemos cuándo, cómo y qué hacemos mal, pero casi nunca discernimos por qué lo hacemos. Damos por sentado que la sociedad, el diablo y nuestro prójimo tienen la responsabilidad de nuestras acciones. Entonces, nos apresuramos a cambiarlos a ellos en lugar de a nosotros mismos. El resultado es sólo más frustración, porque ignoramos la verdadera causa de nuestras debilidades, pecados y frustraciones: nosotros mismos.

Podemos subirnos al carro de la justicia social, pero mientras seamos injustos aunque sea en un solo ámbito, sólo estaremos dando palos de ciego.

Podemos clamar por hacer la Voluntad de Dios, pero si nos aferramos a nuestras ideas y opiniones como las mejores, nos estamos engañando.

Podemos ver y aborrecer los pecados de los demás y predicarles la salvación, pero si no miramos la viga en nuestro propio ojo, sólo reflejamos una imagen en un espejo sucio.

Nos enfadamos por la desobediencia pero, a la vez, derribamos y criticamos la autoridad legítima.

Nos sentimos heridos por la falta de gratitud y luego, con arrogancia, exigimos el tiempo y los talentos de los demás como si nos correspondieran.

Nos quejamos de la falta de amor de nuestro prójimo, pero nosotros mismos nunca movemos un dedo para aligerar sus cargas.

Nos lamentamos de nuestros complejos, neurosis y timideces, y luego pasamos horas meditando sobre todas las facetas de nuestra vida interior y las influencias externas.

Nos rebelamos contra la cruz, y luego procedemos a hacerla más pesada midiendo constantemente su longitud, altura, profundidad y peso.

La vida para muchos de nosotros es como un balancín. Siempre estamos subiendo o bajando mientras permanecemos en el mismo lugar. Nunca nos apartamos y salimos a la tierra desconocida de nuestro interior para explorar sus profundidades, escalar sus montañas, llenar sus valles y superar sus obstáculos.

Tenemos miedo de mirarnos a nosotros mismos porque no usamos a Jesús como nuestra vara de medir. No ponemos nuestros pies en Sus huellas bien trazadas. Preferimos cabalgar de costado por el desierto en lugar de caminar por el estrecho sendero que serpentea lento pero seguro hacia el Padre.

Saber que hemos ofendido a Dios y a nuestro prójimo, es el primer paso para el autoconocimiento, pero no puede acabar ahí. Debemos discernir qué defecto de carácter o de alma es la verdadera causa de nuestros fracasos. Buscar simplemente los efectos, es como tomar una aspirina para el dolor de cabeza cuando la causa del dolor es un tumor.

Deberíamos preguntarnos por qué reaccionamos ante las distintas situaciones de la manera en que lo hacemos. Los motivos son una parte importante de nuestras acciones, y a menudo constituyen la razón de las mismas.

Decir que nos dejamos llevar por la ira es sólo una parte de la culpa, ya que si la ira está justificada, no ha sido ninguna culpa. Todos tenemos un defecto de raíz principal, y de esa debilidad brotan muchos brotes. Cuando encontremos ese defecto principal, superaremos muchas debilidades al vencer una.

Cuanto más leamos los Evangelios, mayor será nuestra comprensión de Jesús. Con este conocimiento llega la luz del discernimiento, el autodiscernimiento, del tipo que se da cuenta de repente del grado de contraste entre nuestra alma y Jesús, su Modelo.

Jesús no sólo es el Señor y el Salvador, sino que es nuestro Modelo de Santidad, de Perfección, de acción. Su vida y sus revelaciones nos dicen exactamente lo que Él espera de nosotros.

Encontramos a Jesús más preocupado por la vida interior del hombre que por su vida exterior. Un día preguntó a sus Apóstoles sobre su conversación mientras viajaban de un lugar a otro. Le dijeron de mala gana que estaban discutiendo sobre la supremacía: quién de ellos era el más grande. Esto fue un error, pues la envidia había comenzado su fea labor entre ellos. Al hacer la pregunta, Jesús expuso la falta y al darles el ejemplo de lo que ellos debían ser, les expuso su motivo: la razón de su falta. Utilizó el enfoque positivo para exponer y sanar un efecto negativo.

Les dijo que debían ser como niños: humildes, dóciles, gentiles, cariñosos, alegres y que prefirieran siempre a los demás antes que a sí mismos. Si deseaban dirigir, debían ser como quién sirve. Este contraste hizo que los Apóstoles recibieran una lección de humildad y amor que nunca olvidarían. Sabían lo que hacían; ahora sabían por qué lo hacían, y entendían lo que debían hacer al respecto.

Su autoconocimiento tenía los tres ingredientes tan necesarios para ser fructífero. Nuestro examen de conciencia debe tener también estos tres aspectos del autoconocimiento. Si nos detenemos en alguno de ellos, nuestra vida espiritual continuará en un vaivén.

Nuestra Fe debe ser lo suficientemente fuerte como para decirnos qué hacemos que ofende a Dios para que . . .

Nuestra Esperanza será lo suficientemente confiada como para darnos el valor de enfrentar la razón por la que ofendemos a Dios y entonces . . .

Nuestro Amor nos dará una profunda conciencia de cómo ser más como Jesús. El amor transforma, el amor cambia lo feo en bello, el amor hace fuerte al débil.

El autoconocimiento que alimenta constantemente nuestra Fe, Esperanza y Amor, siempre será fecundo, siempre será alegre, siempre será humilde. Pero, cuando el autoconocimiento crea dudas y nos hace desanimados y tibios, entonces ese conocimiento se retuerce dentro del alma y actúa como una flecha mortal, destruyendo y desgarrando lo que Dios ha creado para que sea completo y hermoso.

Nunca debemos desanimarnos o desalentarnos por nuestras debilidades. Jesús nos ha dado su Espíritu para ayudarnos a ser más como Él. Nos ha dado Sus pastores para que nos guíen de vuelta a casa. Nos ha dado la gracia que necesitamos para arrepentirnos, cambiar y ser santos.

Sólo en el cielo seremos impecables y sin defectos. Debemos aceptar nuestra condición de pecadores con humildad y con la determinación de no ceder nunca a las debilidades inherentes a esa condición. Es para la gloria del Padre que "…da mucho fruto" (Juan 12:24). Cada uno de nosotros irradiará diferentes aspectos de los atributos del Padre. Lo que es suyo por naturaleza se convierte en nuestro por la gracia. Es importante que conozcamos nuestras debilidades para poder darles la vuelta y convertirlas en bellas facetas de la vida de Jesús.

Nuestro examen de conciencia debe ser honesto, valiente y humilde. Debe decirnos qué hicimos, por qué lo hicimos y cómo cambiar. Sólo hará estas cosas cuando los ojos de nuestra conciencia se posen en Jesús, porque con esa mirada viene la gracia, y Su "….gracia es mayor en nuestra debilidad.." (2 Corintios 12: 9).

Que el Espíritu, que hizo de nuestras almas Su templo, nos enseñe a examinar nuestra conciencia, a cambiar y a orar al Padre en cuya imagen fuimos creados.

Examen Bíblico

"Padre Eterno, Tú me has dado una memoria hecha a Tu imagen. Como Tú, puedo traer el pasado al momento presente y proyectar el futuro en ese mismo momento. Sin embargo, no siempre uso esta facultad para Tu mayor honor y gloria. No mantengo mi acumulación de recuerdos, limpio y barrido de todas esas superfluidades que desordenan mi mente y perturban mi alma".

El polvo de las heridas del pasado y las telarañas de las decepciones pasadas, hacen que mi memoria sea como una habitación abandonada en una hermosa mansión, un cuarto de basura en un desván, un desecho para tirar.

Mi memoria parece plagada de las miserias o de las glorias del pasado. Mi imaginación mira al futuro y prevé lo peor. Me paraliza, y me quedo con un mañana gélido.

Padre Mío, hoy quiero limpiar la casa.

"Deseo mirar dentro de mi alma y darte las únicas posesiones que son totalmente mías: mis debilidades y pecados. Sí, Padre mío, sólo éstos son míos; todo lo demás viene de Tu amorosa Providencia. Cada virtud que puedo practicar es fruto de Tu Presencia en mi alma. Cada posesión material, cada talento es un regalo Tuyo para mí".

"En verdad, al presentarme ante Tí, Señor Dios, me presento como alguien que sólo tiene una posesión personal que ofrecer: mis pecados. Los miraré a la luz del Evangelio y Te los presentaré para que los cambies y los transformes en virtudes, para que sanes las terribles manchas de mi alma, para que derrames el bálsamo de la misericordia sobre mis profundas heridas, para que cierres para siempre los cortes de la amargura y laves la piel muerta de los viejos resentimientos".

El que no carga con su propia cruz para seguirme luego,
no puede ser discípulo Mío (Lucas 14:27).

"Jesús Mío, ¿Qué es una cruz? ¿Es algo puesto sobre mis hombros por la Mano amorosa del Padre? ¿Es mi prójimo o la sociedad? ¿Son mi carácter y mi personalidad, mi cruz? ¿Es el dolor en mi vida o las decepciones? No, Señor, todo eso son efectos, no son la causa de mi cruz, no miden su longitud, no aumentan su peso".

"Mi cruz, querido Dios, soy yo mismo. Cuando mi relación Contigo es débil y mi voluntad rebelde, mi relación con el prójimo y conmigo mismo es superficial y tensa. Tiene que haber en mi vida un deseo siempre inquieto, de alcanzar y anhelar conocerte, amarte y servirte. Sólo cuando mis ojos están clavados en Tu hermoso Rostro, mis brazos pueden extenderse para tocar a mi prójimo, consolarle en sus penas, curar su dolor, disipar su soledad y soportar sus fracasos".

"Mi cruz es verdaderamente pesada o ligera, según el amor con que me acerque a Tí para abrazarla y cuán lejos llego para asistir a mi prójimo. Cuando me rebelo en uno u otro sentido, mi cruz es pesada e insoportable. Haz que mi alma llegue al cielo y se extienda a la humanidad en un acto incesante de amor y servicio".

"…me preciaré de mis debilidades…" (2 Corintios 12, 9).

"Qué cosa tan extraña dices, querido Jesús. ¿Estás diciendo que cuando se me presenta la oportunidad de practicar la virtud, es realmente Tu poder en mí el que me hace amable o paciente o gentil? Debe ser así, porque Tú has dicho que "….sin Mí no pueden hacer nada" (Juan 15: 5).

"Cuando alguien o algo pone a prueba mi paciencia, debo recordar que el poder de ser paciente viene con la ocasión. Está ahí para usarlo si sólo lo quiero. En verdad, Señor, cuanto mayor sea mi frustración en ese momento, mayor será Tu poder para transformarme. Cuanto más débil sea, más poder tendrás Tú para ayudarme. Cuando la mujer con la hemorragia tocó Tu ropa, sentiste que el poder te abandonaba. Su necesidad era grande y Tu poder fue atraído hacia ella como un imán. La más débil de la multitud llamó a Tu poder. Deja que Tu poder habite en mí, Jesús mío, porque yo también estoy muy necesitado"..

"..Sepan que el Reino de Dios está en medio de ustedes". (Lucas 17:21).

"Me resulta difícil verte en mí, Jesús mío. Soy tan consciente de mis debilidades y me esfuerzo por ser bueno. A veces me resulta más fácil verte en mi prójimo, pero cuando me hace daño, me resulta casi imposible ver en él el más mínimo reflejo de Tí. ¿Quién soy yo para juzgar? No veo su lucha, no veo sus victorias. No veo su profundo arrepentimiento o contrición. ¿Puede ser, Jesús mío, que todo lo que veo es a mí mismo y cómo me afecta? ¿Es la viga en mi ojo y la paja en el ojo de mi hermano? Es extraño que Tú hayas hecho tal contraste. Una astilla apenas se ve, pero una viga es muy visible. Sin embargo, Tú sabes, Jesús, que a veces una astilla causa más dolor que una viga grande. ¿Intentabas decirme que tiendo a exagerar las faltas de los demás y luego excusar las mías? Ayúdame a soportar tanto mis faltas como las de mi prójimo con gracia y alegría".

"Por eso, si tú estás para presentar tu ofrenda en el altar, y te acuerdas de que tu hermano tiene algo contra tí, deja allí mismo tu ofrenda ante el altar, reconcíliate con él, y después vuelve y presenta tu ofrenda" (Mateo 5:23-24).

"Cuando se pongan de pie para orar, si tienen algo contra alguien, perdónenlo, para que su Padre del Cielo les perdone también a ustedes sus faltas (Marcos 11: 25-26).

"Dios Padre, no he acudido a quién me ha ofendido para ver qué he hecho. Tampoco perdono a mi hermano sus ofensas contra mí antes de ofrecerte mis oraciones. Esto me resulta muy difícil. Mis sentimientos heridos se rebelan y considero que esta forma de actuar está por debajo de mi dignidad. Querido Dios, ¡Mi orgullo me asombra! ¿Cómo puedo indignarme tanto por las ofensas de otros, cuando yo Te ofendo a Tí constantemente? Espero Tu perdón inmediatamente, cada vez que logro un débil acto de arrepentimiento. Cambia mi corazón, Dios Padre, para que yo perdone primero, perdone totalmente, perdone desde lo más profundo de mi corazón y perdone con amor".

Si tu hermano hace algo malo, repréndelo, y si se arrepiente, perdónalo. Si te hace mal siete veces al día y siete veces vuelve a ti y te dice: "Lo siento", perdónalo (Lucas 17: 4).

Pedro se acercó a Él y le dijo: "Señor, ¿Cuántas veces debo perdonar a mi hermano si me hace daño? ¿Hasta siete veces?" Jesús le contestó: "Te digo que no siete, sino setenta y siete veces" (Mateo 18:21-22).

"Señor mío, tengo la tendencia a limitar mi misericordia. A menudo soy como el hombre en la parábola del evangelio al que se le perdonó una deuda de nueve millones de dólares y luego, procedió a perseguir a su vecino que le debía quince. ¡Qué gran diferencia de deuda! ¿Por qué me cuesta tanto perdonar la ofensa de un compañero pecador, un pecador como yo, cuando yo ofendo a un Dios imponente, puro, poderoso y santo y no pienso en ello? Me preocupa tanto mi honor, pero soy tan negligente con el Tuyo. Quiero ser el destinatario de la Misericordia infinita y luego guardarla egoístamente para mí, dispensando escasas cantidades a otros en raras ocasiones.

Padre, perdóname por mi falta de misericordia y compasión y dame un espíritu perdonador. Permíteme mirar las debilidades de los demás con la mirada puesta en mis propios defectos. Permíteme tender la mano con comprensión, amor dócil y perdón inmediato. Borra el recuerdo de cada ofensa y sustitúyelo por una generosa porción de autoconocimiento para que yo pueda ser humilde de corazón, dándome cuenta siempre de que, sin Tu gracia, yo sería capaz de cualquier pecado.

"Sean compasivos como es compasivo el Padre de ustedes. No juzguen y no serán juzgados; no condenen y no serán condenados….." (Lucas 6:36-37).

"Jesús mío, no soy tan compasivo como debería. Me rebelo cuando las necesidades espirituales, físicas o materiales de los demás invaden mi tiempo. Tiendo a darles un consejo trillado, una ayuda condescendiente y un consejo abrupto. No quiero compartir sus cruces porque, de alguna manera, hace que mi cruz sea más pesada. Cuando les aconsejo que lleven su cruz por amor a Tí, querido Jesús, lo que realmente estoy diciendo es: "Ya he oído bastante. No puedo ayudarte, así que llévala en silencio".

Al no ser compasivo me he erigido en juez. Juzgo el grado de dolor que tienen, el peso de sus cruces, los motivos de sus quejas y su conformidad con Tu Voluntad. Es sólo cuestión de tiempo antes que los condene como cobardes o quejumbrosos crónicos, neuróticos o simplemente gruñones. Lo mismo hago con sus pecados. Todos son colocados limpiamente en categorías, condenados y juzgados como faltos de fuerza. Me escandalizo, y entonces procedo a apartar tanto al pecado como a los pecadores como si estuvieran por debajo de mi dignidad y fueran indignos de mi amistad. Qué diferente soy de Tí, Jesús Mío. Tú odiaste el pecado, pero amaste al pecador. Enséñame a ser comprensivo y compasivo, firme e intransigente con el pecado y las ocasiones pecaminosas, pero amable e indulgente con todos los que caen. Permíteme elevarlos a nuevas alturas de arrepentimiento y grandes deseos de santidad.

"¿Por qué Me llaman: ¡Señor! ¡Señor!, y no hacen lo que digo?" (Lucas 6: 46).

Sí, Señor Mío, yo soy culpable de esta acusación. Tú me has dado la vida, un hogar Cristiano, una vocación para dar testimonio al mundo y oportunidades para imitarte en mi vida diaria. A cada momento, Tu Espíritu me concede una nueva gracia, y yo no coopero. Voy por la vida pensando sólo en mí mismo y en mis planes, frustrado por los fracasos del pasado y preocupado por el mañana. Vivo en un mundo que niega Tu Soberanía, y no desafío esa postura con una vida virtuosa. En verdad, hay una gran diferencia entre lo que creo y la forma en que actúo. Ya que las acciones hablan más que las palabras, concédeme el valor de luchar por Tus principios con el rugido de un león y no con el ronroneo de un gatito. Deseo que mi vida cotidiana, en mi estado particular, sea un testimonio para todos los que conozco de que Tú, Señor Jesús, eres mi luz guía, mi estrella de la mañana, mi amigo más querido y el Maestro a quién sirvo.

"El que no carga con su cruz y viene detrás de Mí, no es digno de Mí "(Mateo 10:38).

Me estremezco cuando leo esta afirmación, Jesús mío. Mis debilidades parecen tan grandes, mi deseo de hacer mi propia voluntad con tanta determinación. Tal vez estoy tratando de hacer perfecto mi propio. Para seguirte sólo necesito imitar Tu ejemplo. No necesito hacer mi propio camino. No necesito llevar esa carga sobre mis hombros. Jesús mío, ¿Caminarás a mi lado mientras me abro paso débilmente en el camino que Tú has hecho? ¿Tomarás mi mano entre las Tuyas y la sostendrás con fuerza mientras vacilo y tropiezo hacia adelante? ¿Me empujarás mientras miro hacia atrás?

Dame un vistazo del final del viaje para que no me desanime en el camino. Haz que mis pies sientan siempre el calor de la Sangre que brota de Tus Heridas. Haz que esa Sangre Preciosa, que se me ha dado tan generosamente en la Eucaristía, revitalice todo mi ser, me ponga firmemente en el camino correcto, y mantenga mis ojos siempre en Tí.

No piensen que He venido a traer paz a la tierra; no he venido a traer paz, sino espada (Mateo 10:34).

Tú no has venido a provocar disensiones, Jesús mío, pero tratar de pensar y actuar como Tú, supone la abnegación, la pérdida de amigos y a veces de la familia y del hogar. El mundo es como un imán que me arrastra aquí y allá. Un día dijiste que sólo los violentos podían llevarse el reino. Esa guerra personal que siempre se libra en mi alma, sólo se conquista con la exigencia del autocontrol, la mansedumbre, la paciencia, la templanza y la bondad. Concédeme abnegación a mí mismo para poder llevar la paz a los demás.

No se preocupen por el día de mañana, pues el mañana se preocupará por sí mismo. A cada día le bastan sus problemas (Mateo 6:34).

La Confesión

"Jesús mío, dame la gracia de vivir en el momento presente. Mi orgullo me impide confiar mi mañana a Tu amorosa Providencia. La preocupación es tan inútil, y sin embargo mi alma se ve acosada por ese frustrante ensayo de qué penas y decepciones serán mi parte en el futuro. ¡Qué cobardía la mía al pensar que el Creador del universo no puede ocuparse de mis mañanas o de los problemas de mi vida! Me falta confianza porque me falta amor. Mi amor se basa en motivos egoístas, y por eso te atribuyo ese tipo de amor a Tí. ¡Qué injusto soy con un Dios todopoderoso y justo! Tu bondad va más allá de mis conceptos más salvajes de generosidad, y sin embargo mi orgullo me da la ilusión de que mi existencia momento a momento está completamente en mis manos. Perdona mi falta de esperanza, Jesús mío. Infunde en mi alma una confianza infantil en Tu cuidado y guía paternal. Sobre todo, dame una profunda comprensión de Tu amor por mí para que yo pueda depositar alegremente mi pasado en Tu Misericordia y no volver a sentirme culpable. Permíteme poner mi mañana en Tu cuidado para que pueda comprender que nunca me sucederá nada que no sea para mi bien".

¿Acaso un par de pajaritos no se venden por unos centavos? Pero ni uno de ellos cae en tierra sin que lo permita vuestro Padre. En cuanto a ustedes, hasta sus cabellos están todos contados. ¿No valen ustedes más que muchos pajaritos? Por lo tanto, no tengan miedo (Mateo 10:29-31).

"Jesús mío, es difícil para mi pequeña mente comprender Tu amor por mí. Me dices en este pasaje que valgo algo, que soy realmente precioso a Tus ojos, que valgo más para Tí que cientos de gorriones. Tu Providencia es tan cuidadosa que cada cabello que me quito del hombro sin darme cuenta, es visto y contado por Tí, contado como si fuera parte de algún tesoro. Si esto es cierto, una cosa pasajera como el cabello, ¡Cuánto más Tú cuidas mi alma, esa parte de mí hecha a Tu imagen! Tú cuentas cada dolor, pesas cada cruz, amortiguas cada caída, cubres mis fracasos y despejas el camino de mis pasos. Eres un Señor amoroso, cuidadoso, protector, misericordioso, providente, bondadoso y bondadoso. Haz que mi alma mantenga siempre sus facultades abiertas a la luz de Tu amor, al calor de Tu bondad y al poder de Tu gracia".

> Porque todo el que hace la voluntad de Dios es hermano
> mío y hermana y madre (Marcos 3: 35).

Todo parece tan sencillo, mi Señor, hacer Tu Voluntad. La recompensa de una relación familiar en comparación con una relación de siervo, ciertamente vale la pena el esfuerzo. Pero incluso este gran beneficio no me mueve a hacer Tu Voluntad en lugar de la mía. Encuentro excusas como si no conociera Tu Voluntad, pero luego están los Mandamientos, que echan por tierra ese falso razonamiento. Vuelvo a decir que la vida moderna hace más oscura Tu Voluntad, pero tengo a Tu Iglesia hablando alto y claro en sus enseñanzas, dogmas y preceptos. En un último esfuerzo por excusarme digo que no conozco Tu Voluntad en las circunstancias cotidianas, pero Tú me has dado una conciencia que se agita y se rebela cuando nuestras dos voluntades se acercan al punto de separación. Debo confesar, Jesús mío, que no tengo ninguna excusa legítima para no hacer Tu Voluntad. Mi orgullo me hace pensar que mi camino es mejor, mi opinión más razonable y mis planes más sabios. ¿Es mi insensatez la razón por la que Tu justicia no me aniquila por vivir tal mentira? Si mi momento presente está demostrando lo absurdo del orgullo, que mi futuro demuestre la veracidad de la humildad. Tu Voluntad es siempre perfecta, siempre diseñada para mi bien, siempre gratificante y siempre buena. Deja que mi alma descanse segura en esa Santa Voluntad. Que desarrolle la paz de los hijos de Dios, la libertad de aquellos cuyas vidas respiran en la Voluntad de su Padre y exhalan el dulce olor de la santidad.

"Yo les digo a ustedes que me escuchan: amen a sus enemigos, hagan el bien a los que los odian, bendigan a los que los maldicen, rueguen por los que los maltratan"(Lucas 6:27-28)

"¿Cómo puedo amar a alguien que me odia, Jesús? ¿Cómo puedo amar sin que me devuelvan el amor? ¿No está esto más allá de mi naturaleza? ¿No es pedir más de lo que puedo hacer? Sólo Dios podría pedirme algo así, porque necesito alguna cualidad especial fuera de mí para poder amar a los que me hacen daño. Dame esa cualidad, esa actitud, querido Jesús. Permíteme ver la oportunidad de ser sobrenatural en una situación en la que mi naturaleza se rebela y quiero arremeter con represalias, odio y resentimiento. Deja que Tu gentileza caiga sobre mí como un manto, que Tu paciencia rodee mi rebeldía como un escudo, y que Tu amor atraviese la amargura de mi corazón para endulzar mi espíritu".

"Allí le presentaron a un sordo que hablaba con dificultad, y Le pidieron que le impusiera Su mano. Jesús lo apartó de la gente, le metió los dedos en los oídos… Enseguida levantó los ojos al cielo, suspiró y dijo: "Effetá", que quiere decir: "Ábrete" (Marcos 7:32-34).

Jesús mío, tengo oídos, pero a menudo están cerrados a Tus palabras, a Tu voluntad. Abre mis oídos para escuchar el amor del Padre manifestado en todo lo que me rodea. Permíteme alabarlo mientras escucho la brisa silenciosa que mueve las hojas de un roble gigante. Deja que escuche el poderoso poder de Su Majestad en el trueno. Déjame oír la inocencia en la voz de un niño y la sabiduría en la voz crujiente de los ancianos. Permíteme mantener mis oídos abiertos a los buenos sonidos de la vida y cerrarlos bien al espíritu ruidoso del mundo, a las tentaciones del Enemigo, y al sonido de mi propia voz egoísta cuando exige las cosas que no son Tu Voluntad. Dime, Jesús mío: "Ábrete a la Palabra vivificante de Mi Padre, ábrete a las inspiraciones de Mi Espíritu, ábrete al cambio, ábrete a una nueva vida".

Un día Jesús se había apartado un poco para orar, pero, Sus discípulos estaban con Él. Entonces Él les preguntó: "Según el parecer de la gente, ¿Quién soy Yo?" (Lucas 9:18).

Jesús mío, me pregunto si yo habría respondido con Pedro: "........Tú eres el Cristo de Dios" (Lucas 9:20).Yo, ¿Habría visto la Divinidad en la humanidad? Yo creo, Jesús mío, pero mi vida no siempre da testimonio de esa creencia. Si mi fe fuera más fuerte, mi vida sería muy diferente. Desearía ser más como Tú en mi vida diaria. Estaría más decidido a cambiar esos rasgos de mi personalidad que molestan a mi prójimo. Miraría hacia el Reino y vería las cosas de este mundo bajo la luz adecuada. Me llenaría de una alegría tan profunda que ni el dolor ni las pruebas podrían destruir. Tendría paz en medio de la confusión si mi Fe habitara en mi corazón y en mi mente. Dame la Fe que mueva las montañas de mi letargo, y dame fervor para trabajar incansablemente por la difusión de la Buena Nueva que viniste a darnos. Haz que tenga el valor suficiente para decir al mundo entero: "Jesús es el Señor, el Hijo de Dios, el Salvador de toda la humanidad".

"Pidan y se les dará; busquen y hallarán; llamen y se les abrirá la puerta". (Mateo 7:7).

"Jesús mío, me desanimo mucho en la oración. Parece que cuanto más rezo por algo, más se aleja. No pido, ni busco, ni llamo. No persevero. No soy persistente. Mi fe es débil y siento que Tú no escuchas mi voz, o peor, que no Te importa. Estoy tan seguro de que, lo que deseo, es para mi bien, que pierdo la confianza en Tu Sabiduría y me quejo de las oraciones sin respuesta. Ayúdame a darme cuenta, mi Señor, que la oración perseverante con un corazón amoroso y una mente llena de fe siempre me dará confianza en Tu preocupación. Sabré, sin dudar en mi corazón, que cada oración es respondida por un Dios omnisciente. Tendré la seguridad y la esperanza que descansa tanto en un "no" como en un "sí", porque Tu amor me sigue y Tu providencia va delante de mí. No importa lo que me suceda, Tú estás ahí antes de que yo llegue, listo para ayudarme, consolarme y protegerme. Señor mío, ayúdame a rezar sin cesar, a amar sin límites y a confiar sin dudas".

"Bienaventurados los pobres de espíritu….". (Mateo 5:3)
"Jesús mío, soy rico de espíritu: no me contento sólo Contigo. No me desprendo de las cosas de este mundo. Dame un corazón afectuoso para que pueda amar con desprendimiento y libertad".

"Bienaventurados sean los mansos…" (Mateo 5:5).
Enséñame a ser amable, Jesús mío. La ira está a menudo a la orden del día, y no veo la fuerza en la mansedumbre. Dame autocontrol para que mi prójimo no sufra por mi falta de virtud.

"Bienaventurados sean los que lloran…" (Mateo 5:4).
Señor Espíritu, ayúdame a sentir horror por el pecado y un profundo arrepentimiento cuando caiga. Permíteme ser

humilde de corazón al menor pensamiento de mi debilidad, para que esté siempre dispuesto a decir: "Lo siento, perdóname".

"Bienaventurados los que tienen hambre y sed de santidad…" (vea Mateo 5:6).
"Me he excusado pensando que la santidad es para unos pocos elegidos. Tengo miedo de darme cuenta de que Tú deseas que yo sea santo. Debo tener hambre de ella antes de que Tú me alimentes con Tu gracia. Debo tener sed de ella antes de que Tú puedas darme agua viva.

"Bienaventurados sean los misericordiosos…" (Mateo 5:7).)
"Deseo que todos comprendan mis defectos, pero tiendo a ser duro e implacable con las faltas de los demás. Ayúdame, Jesús, a estar siempre dispuesto a perdonar para que Tu misericordia cubra mis debilidades".

"Bienaventurados los puros de corazón (Mateo 5:8).
Tantos deseos, metas y ambiciones desordenan mi mente, querido Jesús. Ayúdame a tener una sola mente, a desearte sólo a Ti, a trabajar por Tu honor y gloria, a buscar primero el Reino y a juzgar todo a la luz de la Eternidad.

"Bienaventurados sean los pacificadores (Mateo 5: 9).
Yo no hago la paz. Tengo miedo de salir herido, de involucrarme.
El respeto humano rige mi vida, y prefiero que me dejen en
paz. Jesús mío, las opiniones de los hombres no significan nada
para Tí. Ayúdame a hacer la paz, a desarraigar la discordia y a
sembrar las semillas de la unidad.

*"Bienaventurados sean los que son perseguidos por la causa del
bien…" (Mateo 5: 10).*
"Tiendo a unirme a la multitud, Señor Jesús. Ayúdame a
quedarme solo si es necesario y a luchar por Tu Iglesia, Tus
mandatos y Tus principios. Que mi lema sea: "¿Quién es como
Dios?" y mi meta, que todos los hombres conozcan Tu amor y
redención".

*"Bienaventurados sois cuando os maltraten y os persigan y digan toda
clase de calumnias contra vosotros por Mi causa" (Mateo 5:11).*
"Señor mío, tiendo a cambiar mis opiniones, a retractarme y
a callar en medio de la mayoría. Ayúdame con el don de la
Fortaleza a formar mis opiniones según Tus normas, a declarar
con valentía la fe y la moral que proclama Tu Iglesia, y a resistir
toda forma de permisividad. Permíteme estar contento de saber

que Te complazco. Te pido por todos aquellos cuyas vidas se ven perturbadas por su devoción a Tus mandamientos. Danos a todos perseverancia, valor y fuerza para resistir los embates del Enemigo y del mundo".

Padre Nuestro, Que Estás en los Cielos: "Señor y Dios mío, no aprecio el privilegio y la dignidad que Tú me has dado. Utilizo el título de Padre con un corazón frío y una mente vacía. He rebajado la dignidad de ser Tu hijo al nivel de un peregrino en la casa de un extraño. Tu amor y Tus cuidados paternales me parecen tan lejanos como la tierra al cielo. Mi ingratitud me asombra, y mi falta de comprensión manifiesta mi inmadurez espiritual. Perdóname, Padre. Dame una confianza infantil, un recurso rápido a Tu protección y una confianza total en Tu providencia".

Santificado Sea Tu Nombre: Me temo, Señor, que es mi nombre y mi dignidad en los que gasto mucho tiempo y preocupación. No aprovecho las muchas oportunidades que se me ofrecen cada día para glorificar Tu nombre. El respeto humano retiene mi lengua y suprime las inspiraciones que Tu Espíritu me da para proclamar Tu nombre. Dame la gracia de considerar las opiniones de los hombres como nada. No permitas que sea arrastrado de un lado a otro, cambiando constantemente de una opinión a otra para complacer al mundo. Qué infructuosa es una vida que se pasa tratando de complacer a los que no son agradables.

Venga a Nosotros Tu Reino: Soy negligente en la difusión de Tu Palabra, Dios Padre. Mi vida no refleja las perfecciones de Jesús para que el mundo sepa que Él es el Señor. Dejo a otros la obligación de difundir la Buena Nueva. Dame un espíritu misionero para que yo pueda aprovechar cada oportunidad para salvar almas. Muchas almas se pierden porque nadie se preocupa por ellas ni por su salvación. Dame energía y amor para que ningún obstáculo sea demasiado grande para superar en la difusión de Tu Reino en los corazones de los hombres y en el mundo".

Hágase Tu Voluntad en La Tierra Como en el Cielo: "A veces encuentro difícil Tu voluntad, Señor, y me rebelo. No me esfuerzo lo suficiente para discernir Tu Voluntad; tampoco juzgo mi vida o mis decisiones con la vara del Evangelio. Encuentro excusas para no cumplir Tu Voluntad, excusas que están diseñadas para amortiguar mi conciencia, pero en el fondo de mi alma, sé que hago mi propia voluntad. No permitas nunca que asfixie mi conciencia para que sea ciega a Tu Voluntad. Ayúdame, perdóname y dame fuerzas para preferirte a Tí antes que a mí mismo".

Danos Hoy Nuestro Pan de Cada Día: "No siempre estoy agradecido, Padre mío. Mi orgullo me hace pensar que yo proveo todo lo necesario para la vida. Dame un espíritu de humildad y dependencia. Permíteme buscar en Tí todo lo que necesito en cuerpo y alma. Purifica mi alma para que yo pueda recibir dignamente la Eucaristía. Humilla mi corazón para que pueda agradecer Tu Providencia y confiar siempre en Tu Sabiduría".

Perdona Nuestras Ofensas, Como Nosotros Perdonamos a Los Que Nos Ofenden, y No Nos Dejes Caer En la Tentación, Y Líbranos de Todo Mal: "¡Señor, Ten piedad de mí! En esta petición Te pido que me perdones de la misma manera que yo perdono a los demás. Cuando perdonar a los demás sea difícil, trae a mi mente esta petición para que pueda perdonar con un corazón amoroso.

Ayuda a mis debilidades y dame la fuerza para no ponerme en circunstancias que puedan llevarme a ofenderte. No permitas que pase por alto u omita las buenas obras por pereza o por respeto humano. No permitas que entre en la Eternidad para ver lo que podría haber sido, sino que corresponda a toda luz, a toda gracia, a toda inspiración.

Preciosa Sangre de Jesús, purifica mi alma, haz que mi conciencia sea sensible al pecado, haz que mi corazón sea humilde y dócil, y lava todos mis pecados y faltas. Preséntame un día a tu Padre como una imagen perfecta de Tí!

La Lucha por la Purificación del Alma

"Dios Padre, no pongas mi alma a prueba. Estoy acosado por tentaciones de todo tipo. Fuerzas invisibles se agolpan sobre mí, y no puedo ver Tu Rostro. La Presencia que me daba valor en las pruebas, paz en la agitación y fuerza en las dificultades, casi ha desaparecido de mi vista. Te llamo y Tú no respondes, Te busco y no Te encuentro, Te busco pero sin resultado. Parece que a veces Te veo, pero esto es sólo un recuerdo del pasado. No veo más que a mí mismo en lo más profundo de mi ser. Sólo veo la persona mala que soy capaz de ser. Veo mi alma como tres habitaciones. Una habitación se llama Memoria, otra Intelecto y otra Voluntad. Hay veces, Padre mío, que estoy encerrado en la habitación de la Memoria. Todo está oscuro y lleno de la fea presencia de mi verdadero yo. A veces es como una habitación sin salida, y entonces, ante la menor señal de amor de mi prójimo, una sonrisa, una caricia, una oración, abre de repente una puerta muy ligeramente, y yo respiro aliviado. Luego la puerta se cierra de nuevo, y la lucha continúa. Hay momentos de esperanza en los que, de alguna manera, me escapo a la habitación llamada Intelecto, cuya puerta nunca se cierra. Entro y razono mi situación, pero no parece que pueda quedarme mucho tiempo. Todos los métodos y argumentos que encuentro allí para evitar que esa fuerza invisible me destruya, no hacen sino confirmar lo que ya sé en lo más profundo de mi ser. Voy a esa habitación en busca de nuevas armas, pero sólo encuentro las viejas que he estado utilizando. Mi alma se asusta ante la perspectiva de no encontrar alivio, pero entonces pasa un amigo y de nuevo una mirada de amor y preocupación calma mi alma."

Mientras me alejaba de la habitación llamada Intelecto, oí una voz que decía: "Mira en la habitación llamada Voluntad". Entré y la suave voz de la Fe dijo: "Llévame contigo, no temas". Encontré en ese lugar amor puro, amor fuerte, amor decidido. Encontré nuevas armas, voluntad y amor, el tipo de amor que no depende de los sentimientos, el tipo que es consistente, como el amor de Dios. Sí, Señor Padre, me gustaría vivir en esta habitación, la habitación de la Voluntad y el Amor.

Entro en la habitación casi a tropezones, y miro el poder y la Presencia que hay en ella. Es una paradoja, parece que de repente la oscuridad de mi memoria y la Fe de mi intelecto se unen y me permiten estar en la puerta de la Voluntad. La fe me llama a hacer en lugar de descansar en la oscuridad, a cumplir en lugar de preguntar por qué, a admitir lo que soy ante Tí, Dios Padre, y hacer Tu voluntad con amor, a estar dispuesto a sufrir el vacío en mi alma, la oscuridad de mi mente, la incertidumbre de mi camino y aún así cumplir Tu Voluntad para decir, "Te amo" cuando sólo el sonido ensordecedor del silencio suena en mis oídos para decir, "Creo" cuando el vacío ante la creación me llama para entender que esto es para mi bien cuando la futilidad me rodea como un manto.

"¿Oyes mis suspiros de dolor mientras lucho por elevarme por encima de la oscuridad? Sí, sé que lo haces. ¿Te duele verme luchar y buscar ser lo que Tú quieres que yo sea? ¿Cruzaré alguna vez ese puente llamado Humildad para poder aceptarme a mí mismo y mantener mis ojos en Tí? ¿Podré estar ante Tí dispuesto a sentir mi condición de pecador y mantener mis ojos en Tu belleza?"

"Dame un corazón puro y una voluntad fuerte para que mi búsqueda llegue siempre a Tí mientras siento mis debilidades.

Fortalece mi fe para que nunca busque razones o excusas. Haz que mi esperanza crezca más profundamente al darme cuenta de que Tu poder está trabajando en la oscuridad de mi alma.

Hay algo en mi interior que me hace sentir de alguna manera una Presencia en medio de una ausencia, Tu Corazón compasivo en medio de uno tan vacío, Tu mirada misericordiosa que, de alguna manera, desearía que las cosas no fueran así, pero sabe que no hay otro camino que la cruz".

"¿Por qué me siento como si estuviera solo en un desierto? ¿Cómo es que me sé tan amado por Dios y, sin embargo, me siento tan solo? Qué estado tan desdichado es pensar siquiera por un momento que, el conocimiento del amor de Dios no es suficiente. ¿Estás diciendo, Padre mío, que mi corazón no está todo vacío para que Tú lo llenes? ¿Debe ser mi caminar en pura fe, mi única seguridad Tu providencia y mi fuerza Tu voluntad? ¿Debe mi alma gritar de angustia y luego escuchar sólo los sonidos de su propio eco?

He llegado a comprender, oh Dios, que Tú no eres mi Todo. Creía que mi corazón estaba desprendido de todos y de todo, pero el fuego purificador de Tu Espíritu toca mi alma, y de repente me veo en el último peldaño de la escalera, apenas capaz de subir. Estoy ante Tí, Santidad Infinita, queriendo tapar mis ojos, pero sin atreverme, ni siquiera por un momento, a apartarlos de Tí. Miro a Jesús, que asumió mi humanidad y luchó como yo. Sé que Él comprende, y sin embargo siento que Lo he decepcionado. Quiero huir, pero no hay lugar a donde ir. Quiero ser transformado, pero mi falta de valor me impide dar ese gran paso. Digo: "Sí, Señor, tómalo todo", y el miedo se apodera de mi corazón. Yo digo: "No, Señor, no puedo", y la decepción me envuelve. Las lágrimas inundan mis ojos y me avergüenzo de mi falta de valor. ¿Lloras en mí, conmigo? No quiero llorar solo".

"¿Por qué me siento atrapado? Sé que esto pasará. Sé que Tu amor nunca me abandona. Sé que ves cada una de mis acciones, que mis pensamientos están abiertos a Tí, y sin embargo me siento como si estuviera en una batalla, una batalla de voluntades. Siento que mis mismas debilidades son de alguna manera herramientas en mis manos para luchar contra el enemigo. ¿Dónde está mi punto más débil? ¿Es el conocimiento de mis debilidades mi escollo, o estoy luchando contra ese conocimiento? Quizás busco la perfección pensando que Tu amor sería una recompensa. ¿Me resulta difícil aceptar la realidad de que Tu amor es un regalo para mí, un pecador? Tú amas porque eres muy bueno y yo soy un niño torpe, que tropieza cada día. ¿Por qué me cuesta tanto enfrentarme a mí mismo y sumergirme en Tu misericordia y Tu amor? ¿Por qué no puedo presentarme honestamente ante Tí y beber en Tu amor? ¿Sería esto humildad? ¿Estoy huyendo de un arma secreta para luchar contra el enemigo?"

"Yo solía pensar que la humildad era una cuestión de humillaciones, pero, Dios Padre, ¿Hay alguna humillación comparable a la realidad de ver mi verdadero yo y cómo estoy ante Tí? ¿Podré aceptarme a mí mismo y luego ser libre para tratar de ser como Tú? ¿Seré capaz de sentir mi condición de pecador, esperar Tu poder y luego sumergirme en el océano de Tu misericordia? Mi autoconocimiento no es una sorpresa para Tí, Dios Padre. Mi alma está angustiada porque, mi nueva comprensión en cuanto a la profundidad de mi degradación, me ha hecho consciente de mi necesidad de Tu amor y Presencia mientras me siento casi alejado de Tu vista. Es como si Tus Ojos estuvieran abatidos al verme. Al comenzar cada nuevo día, parece que la distancia es mayor, y cuando mi alma grita "Te amo", vuelve el eco de mi propia voz y mi corazón se hunde una vez más en otra profundidad de angustia. Esperaré con esperanza que Tus Ojos se vuelvan hacia mí. ¿Te duele esperar a que el fuego realice su obra en mí? ¿Palpita Tu Corazón cuando oyes mi voz gritar: "Oh, Dios, levanta Tus Ojos y mírame, mira este recipiente vacío, lléname de Tu amor, tócame, sáname, castígame, pero nunca me abandones"?

Veo Tu imagen reflejada en mi prójimo, en la naturaleza, en los acontecimientos, y mi alma se emociona al verlo, pero cuando busco más rastros de Tu presencia, Tú no estás. Mi alma se inquieta y se agita como un niño con fiebre alta. Tengo sed, y un poco de Agua Viva, sólo aumenta mi sed. Me trae el recuerdo de aquellos tiempos en los que estábamos juntos en casa, contentos en la presencia del otro. Aquellos días parecen tan lejanos. Mi corazón se consuela al darse cuenta de que Tú me conocías entonces como yo me conozco ahora y todavía me amas. Tengo que esperar con paciencia Tu buena voluntad".

"Gracias, Padre, mi alma siente como si se abriera una puerta. Es como escuchar un paso familiar y esperar la llave en la cerradura que abrirá la puerta a un ser querido. La habitación de la Memoria sigue siendo oscura y problemática y las pequeñas cosas parecen agitarla con facilidad. Al buscarte, aunque mi alma esté en tinieblas, siento que Tus Ojos ya no están abatidos. ¿Me estás mirando? Qué poderoso eres, Señor Dios, pues Tu más leve mirada trae paz en medio de la confusión. Parece que no temo a la oscuridad. ¿He empezado a mirarme sin sorpresa y quizás he aceptado mis debilidades? ¿Seré capaz de mantener mi mirada siempre en Tí?

Si sigo mirándome a mí mismo, me enfrentaré a la cruda verdad, y esa mirada me mantiene en un estado de confusión sin paliativos. Ayúdame a ser capaz de sentir mis debilidades pero mantener mi mirada en Tu belleza y poder. Esto sería la libertad, la capacidad de aceptar la verdad humana y mantener mis ojos en la Verdad Divina, poseer el conocimiento de mi valor natural sin perder de vista mi valor sobrenatural, entender que soy capaz de cualquier mal, pero plenamente consciente de que Tu gracia está en su mejor momento en mi   debilidad --tener conciencia de la posibilidad de caer, mientras descanso plenamente en Tu Misericordia; sentir el frío gélido de la separación mientras descanso en Tu Amor; ver como soy visto y no estremecerme al verlo, sino ver la gloriosa bondad de Dios al realizar una obra santa en un ser imperfecto.

"¿Puedo ser como Jesús cuando me resulta tan difícil ser amable, paciente y comprensivo? Mi alma está constantemente sumida en las tinieblas, y la pequeña visión que he podido tener de Tí sólo hace que las tinieblas sean más negras cuando Tú Te vas. Mi alma es como un barco sin timón que rebota de un lado a otro por la carne, el mundo y el Enemigo. Justo cuando pienso que he vencido a los tres, de repente me encuentro atado a uno de ellos.

¿Por qué hay tres fuentes de tentación? ¿Las tentaciones de la carne están en la facultad hecha a Tu Imagen, Padre, la memoria? ¿Las tentaciones del mundo están en la facultad hecha a la imagen del Verbo Eterno, el intelecto? ¿Las tentaciones del Enemigo se dirigen a la facultad hecha a la Imagen del Espíritu, la Voluntad? Dentro de mi alma hay una batalla en tres lados. Te pido ayuda, Jesús mío, y no oigo Tu voz. Hay veces que la batalla es tan feroz que cuestiono Tu poder y mi resistencia. Perdóname: sólo busco Tu voluntad y la gloria de Tu nombre.

Parece que los Siete Pecados Capitales, a menudo, se instalan en una facultad particular. ¿Permite Dios que esto me permita tomar decisiones correctas, para confundir al Tentador, para utilizar la gracia, para dar testimonio de Su Poder?

Parece que la Lujuria, la Gula y la Pereza, los tentadores de la Carne, tratan de influir en la Memoria y la Imaginación. La Codicia y la Envidia son usadas por el Mundo para influenciar el Intelecto, mientras que el Enemigo trata desesperadamente de adquirir la Voluntad por medio del Orgullo y la Ira.

¿Qué poseo, Señor Jesús, para luchar contra tales enemigos? Sí, poseo Tu Espíritu, Tu gracia, Tu Cruz, Tu presencia, Tu amor. Me has pedido que sea misericordioso y compasivo y que recuerde las palabras de la Escritura y que rece para no ser puesto a prueba. Sin embargo, con todo esto, Señor mío, parezco irremediablemente enredado en un laberinto de oscuridad. ¿Cuál es el escudo para luchar contra enemigos tan poderosos? ¿Debo ser pasivo y dejar que la tormenta arrecie mientras vivo en Tu Presencia? ¿Debo luchar en la batalla de las voluntades como lo hizo San Miguel hace mucho tiempo atrás? ¿Debo amar más cuando siento odio, ser más suave cuando la ira se apodera de mí?

Señor y Padre mío, las he probado todas, y cada una de ellas me ha dado un oasis en el que vivir durante un tiempo, un soplo de aire fresco para reanimar mi espíritu decaído, una nueva dirección que tomar, un nuevo plan de ataque. Sí, todas estas formas de luchar contra el enemigo me han servido mucho y bien.

¿Existe un nuevo camino, una nueva senda por la que pueda transitar? ¿Acaso he comenzado y no lo veo? ¿Es un vacío que proviene de una ausencia o un vacío que proviene de la Luz, la Luz en la oscuridad, ¿La Luz que penetra en mi ser y me hace verme tal y como soy ante mi Creador? ¿Qué hago ante tal visión? ¿Qué quiere Él que yo haga?

El Amor que tomó sobre sí mis pecados "…oraba con mayor insistencia" (Lucas 22: 44). En el Huerto de Getsemaní oró durante tres horas y pidió a sus Apóstoles que rezaran con Él. La oración de los Apóstoles debía permitirles no caer. Al igual que Jesús, debían rezar pidiendo la voluntad de Dios y el valor para soportar el sufrimiento que pronto les sobrevendría.

Jesús tenía miedo, pero llevó Su angustia a su Padre. Pidió algún otro camino, pero no lo hubo. El sufrimiento era necesario para manifestar Su amor por mí. La comunión con el Padre en la oración mantuvo a Jesús en unión con la voluntad del Padre. No importaba la dificultad, Jesús veía la Voluntad del Padre y aceptaba lo que esa Voluntad permitía en Su vida. Yo me parezco más a los Apóstoles, que dormían, como nos dice San Lucas, de "puro dolor" mientras Jesús agonizaba en el Huerto.

Evidentemente, la oración no quitó el terrible sufrimiento que les esperaba a Jesús y a Sus Apóstoles. ¿Cuál fue entonces la "prueba" que se les pidió que no pasaran? La prueba ciertamente fue la forma en que soportaron ese sufrimiento. Veo en el Evangelio que Jesús rezó y recibió fuerzas para afrontar con valor las pruebas que Le esperaban. La humildad permitió a Jesús someterse a la voluntad del Padre en todo.

El orgullo de los Apóstoles no les permitió afrontar la realidad, por lo que la pena se apoderó de ellos en lugar del santo temor y la oración. Como resultado, la situación les obligó a actuar en un nivel emocional y egoísta, y no pudieron ver la Voluntad del Padre. Huyeron de la situación primero durmiendo, y luego abandonando a Jesús. No se dieron cuenta de que en la proporción en que corrían y se escondían, en esa proporción eran miserables. Si hubieran rezado, habrían tenido el valor de permanecer junto a Jesús como lo hizo su Madre María. Puedo estar razonablemente seguro de que ella rezaba constantemente al Padre para que le diera fuerzas para soportar los sufrimientos de Jesús.

"Sí, Padre mío, rezo para que me quiten la cruz, porque no poseo la humildad necesaria para decir: "Hágase Tu voluntad, no la mía". No rezo "con seriedad y por más tiempo"; no pongo mi alma en la oscuridad y la tentación ante Tí y dependo enteramente de Tí."

Dios Padre, toma mis sentimientos, mis ansiedades, mis miedos y debilidades, son las únicas cosas que son mías para dar, toma mi voluntad y únela a la Tuya. Haz que mi fuerza esté en una humilde aceptación de mí mismo y que mi esperanza esté firme en Tu Voluntad. Que nuestros corazones, el Tuyo y el mío, se unan en el dolor, para que yo pueda consolar a mi prójimo en su dolor. Que nuestro amor sea un solo amor, para que mi amor por mi prójimo sea desinteresado.

Oh, Dios, haz que la noche oscura dentro de mí, se una a la Agonía de Jesús en el Huerto, para que los que caminan en la oscuridad puedan ver un día la Luz del mundo, porque con el amanecer viene el regocijo. En verdad, hay una conciencia silenciosa de Tu Presencia en esta oscuridad y angustia. Aunque busque y no encuentre, hay una cercanía del Amor Mismo que trae sobre mí una tranquila calma. Empujo hacia adelante para vivir en un nivel de Voluntad y me encuentro más paciente con mi prójimo porque soy más consciente de mis propias luchas.

Me encuentro más capaz de amar a mi prójimo. Es como si los defectos que hacían difícil amarlo a veces ya no fueran nada. La realidad de mis propias debilidades, debilidades que están tan presentes y son tan claras para mí, me hace mirar a todos los demás con mayor amor. Esta oscuridad en mi alma me hace amar a toda la humanidad con un amor compasivo y desinteresado. A través del laberinto de sus pecados y faltas soy capaz de ver a Jesús. Al estar tan lleno de debilidades, sus debilidades ya no son un obstáculo para mi amor.

Soy libre para amar y comprender. El adormecimiento espiritual que a veces acompaña a la oscuridad me hace escuchar a los demás. Los falsos conceptos de mi propia fuerza que me hacían incapaz de detenerme a escuchar al prójimo, han disminuido. Me alegro de sus preguntas y de la oportunidad de ser útil. La oscuridad de mi alma sólo ve a otras almas que también luchan, también en la ansiedad del corazón.

La llama purificadora de Tu Espíritu que tocó mi alma y la sumió en la agonía, la obligó a elevarse por encima de sí misma. La oración ya no es un momento de conversación con Dios, sino una profunda conciencia de la Santidad misma, siempre presente, siempre misericordiosa, siempre amorosa, siempre impresionante. Las debilidades en mí ven las agonías de Jesús cuando vivía en la tierra y la tierna justicia del Padre. Es como si yo fuera todo pecado, mirando la santidad infinita. Es aterrador y, sin embargo, sin miedo. Su amor por mí parece mucho más importante que mi amor por Él. Él lo es todo y yo no soy nada.

Las luchas y las tinieblas que me obligan a vivir en el plano de la Voluntad me hacen buscar la Voluntad de Dios como un grato refugio de descanso. Mi condición de pecador me hace querer hacer Su Voluntad por encima de la mía. Ya no estoy seguro de mi voluntad ya que el verdadero yo está siempre presente ante mí. Ahora veo la sabiduría en Su Voluntad, Su tiempo, Sus designios. Veo cómo evolucionan los acontecimientos, y entonces me introduzco en ellos con confianza, porque sólo Él es mi seguridad. Pase lo que pase en mi vida de momento a momento, sólo debo estar disponible para sus demandas sin preocupación, porque sólo Él da fruto.

¡Qué paradoja! "Si el grano de trigo no cae en tierra y muere, queda solo" (Juan 12:24). Mi negativa a enfrentarme a mí mismo me impide "caer en la tierra" y me impide morir a mí mismo, pero Su Amor me sumerge de cabeza en el terreno del autoconocimiento, y en la oscuridad de la humildad, la semilla de mi alma crece hasta convertirse en un árbol, un árbol que empieza a dar las dulces flores de Su fruto.

Qué Grande eres, oh Dios, porque todavía llamas al vacío, a la oscuridad, a la nada y dices "Que se haga la luz".

Madre M. Angélica
(1923–2016)

Madre María Angélica de la Anunciación nació como Rita Antoinette Rizzo el 20 de abril de 1923 en Canton, Ohio. Tras una infancia difícil, la sanación de su recurrente dolencia estomacal llevó a la joven Rita a un proceso de discernimiento que terminó en las Clarisas de la Adoración Perpetua de Cleveland.

Trece años más tarde, en 1956, la Hermana Angélica prometió al Señor, mientras esperaba una operación de columna, que, si Él le permitía volver a caminar, le construiría un monasterio en el Sur. En Irondale, Alabama, la visión de Madre Angélica tomó forma. Su enfoque distintivo de la enseñanza de la fe la llevó a dar charlas en las parroquias, luego folletos y libros, y después oportunidades en la radio y la televisión.

En 1980, las Hermanas habían convertido un garaje del monasterio en un rudimentario estudio de televisión. Había nacido EWTN. Madre Angélica ha sido una presencia constante en la televisión de Estados Unidos y del mundo entero durante más de treinta y cinco años. Innumerables conversiones a la fe católica se han atribuido a su don único para presentar el evangelio: alegre pero resuelto, calmante pero vigorizante.

Madre Angélica pasó los últimos años de su vida enclaustrada en el segundo monasterio que fundó: Nuestra Señora de los Ángeles en Hanceville, Alabama, donde ella y sus Monjas se dedicaron a la oración y a la adoración de Nuestro Señor en el Santísimo Sacramento.